Manuale zu Testverfahren und Fragebögen

In der Reihe „Manuale zu Testverfahren und Fragebögen“ veröffentlichen wir Manuale psychometrischer Testverfahren und Fragebögen eines breiten thematischen Spektrums verschiedener Anbieter psychologischer Tests. Dies bietet Testanwender*innen aus Forschung und Praxis die Gelegenheit, sich über potenziell interessante Verfahren zu informieren. Die Manuale beinhalten die Details zu der Zielsetzung, der Durchführung sowie den Gütekriterien. Der Test oder der Fragebogen kann dann beim jeweiligen Anbieter gesondert erworben werden kann (über die in den Manualen angegebenen Plattformen). Testautor*innen bietet diese Reihe die Möglichkeit, den eigenen Test einer großen Zahl an potenziellen Nutzer:innen über unsere weltweit verfügbare Plattform SpringerLink vorzustellen und bekannt zu machen. Bei der Auswahl der hier vorgestellten Verfahren achten wir auf das Vorliegen transparenter Gütekriterien und die Orientierung der Manuale an den Vorgaben des Testkuratoriums und der DIN 33430.

Beate Muschalla • Michael Linden

JAS – Jobangst- und Arbeitsplatzphobie-Skala

Manual

Springer

Beate Muschalla
Institut für Psychologie
Technische Universität Braunschweig
Braunschweig, Deutschland

Michael Linden
Medizinische Klinik m. S. Psychosomatik
Charité
Berlin, Deutschland

ISSN 2948-2240 ISSN 2948-2259 (electronic)
Manuale zu Testverfahren und Fragebögen
ISBN 978-3-662-70651-0 ISBN 978-3-662-70652-7 (eBook)
https://doi.org/10.1007/978-3-662-70652-7

Die Deutsche Nationalbibliothek verzeichnet diese Publikation in der Deutschen Nationalbibliografie; detaillierte bibliografische Daten sind im Internet über https://portal.dnb.de abrufbar.

Springer ist ein Imprint der eingetragenen Gesellschaft Springer-Verlag GmbH, DE und ist ein Teil von Springer Nature.
Die Anschrift der Gesellschaft ist: Heidelberger Platz 3, 14197 Berlin, Germany

Inhaltsverzeichnis

Kurzinformation über die Skalen

1

Zusammenfassung

Job-Angst-Skala (70 Items) und Arbeitsplatzphobie-Skala (13 Items) erfassen spezifische Arbeitsangst im Selbstbericht. Arbeitsangst ist phänomenologisch und empirisch von sonstigen Ängsten und unspezifischer Ängstlichkeit unterscheidbar. Arbeitsangst ist ein relevantes Problem, da sie häufig mit Arbeitsunfähigkeit eingehgeht und nicht leicht erkannt wird. Die Bearbeitungsdauer der Job-Angst-Skala beträgt zehn bis fünfzehn Minuten, die der Arbeitsplatzphobie-Skala drei Minuten.

Arbeitsbezogene Ängste gehen häufig einher mit Arbeitsunfähigkeit und sind mit Prävalenzen von etwa 5 % in der Allgemeinbevölkerung wirtschaftlich und sozialmedizinisch relevante Probleme (Muschalla & Linden, 2011, 2013).

Es wurden verschiedene Konzeptualisierungen von Arbeitsangst vorgeschlagen (Cheng & McCarthy, 2018), jedoch nur eines ist phänomenologisch psychopathologiebasiert (Linden & Muschalla, 2007). Dieses phänomenologische Konzept von Arbeitsangst bildet die Grundlage der hier vorliegenden Skalen. Es ermöglicht, verschiedene Phänomene von Arbeitsangst zu beschreiben und ggf. voneinander zu unterscheiden.

Die ***Job-Angst-Skala (JAS)*** ist ein phänomenologie-basierter Selbstbeurteilungsfragebogen zur Erfassung der verschiedenen Dimensionen arbeitsbezogener Ängste (Linden, Muschalla, & Olbrich, 2008; Muschalla & Linden, 2013). Die Skala besteht aus 70 Items, die in fünf Hauptdimensionen zusammengefasst werden können: Stimulusbezogene Ängste und Vermeidungsverhalten; Soziale Ängste und Beeinträchtigungskognitionen; Gesundheits- und körperbezogene Ängste; Insuffizienzerleben; Arbeitsbezogene generalisierte Sorgen.

B. Muschalla, M. Linden, *JAS – Jobangst- und Arbeitsplatzphobie-Skala*, Manuale zu Testverfahren und Fragebögen, https://doi.org/10.1007/978-3-662-70652-7_1

Die Untersuchung der psychometrischen Qualität erfolgte an 190 Patienten einer orthopädischen und psychosomatischen Rehabilitationsklinik. In dieser Gruppe von Menschen mit chronischen Gesundheitsproblemen lassen sich besonders gut die verschiedenen arbeitsbezogenen Problematiken beschreiben und differenzieren. Die interne Konsistenz der Job-Angst-Skala lag bei 0,98. Die Retestreliabilität der Gesamtskala betrug $r = 0{,}815$. Faktorenanalysen bestätigten die theoretisch vorgegebenen Subskalen. Die durchschnittliche Inter-Item-Korrelation der Gesamtskala betrug $r = 0{,}389$.

Die Inhaltsvalidität der verschiedenen Dimensionen der Job-Angst-Skala ist durch direkten Bezug zur Psychopathologie von Ängsten gesichert. Es finden sich mittlere Zusammenhänge zwischen Arbeitsangst (JAS) und genereller Ängstlichkeit (State-Trait-Angst Inventar STAI-T). Dies bedeutet, dass die Skalen nicht dasselbe messen, sondern spezifische Arbeitsangst sich zum Teil abgrenzen lässt von unspezifischer Ängstlichkeit. Es besteht jedoch eine grundlegende inhaltliche Überlappung hinsichtlich Angst. Anders als unspezifische Ängste hängen Arbeitsängste stark zusammen mit Arbeitsunfähigkeit.

Die ***Arbeitsplatzphobie-Skala*** ist eine Subskala der JAS, in der 13 Items aus der JAS entnommen wurden, die nach globalen panikartigen Ängsten und Arbeitsplatzvermeidung fragen. Die Arbeitsplatzphobie – als besonders ausgeprägte Vermeidungsangst mit globalen Arbeitsplatzvermeidungsimpulsen (Haines, Williams, & Carson, 2002) – ist eine mögliche gemeinsame Endstrecke, die bei verschiedenen arbeitsbezogenen Problemen vorkommen kann. Diese Kurzskala wurde bei weiteren 212 Patienten mit psychischen Erkrankungen evaluiert. Die Items der Kurzskala erfassen auf zwei faktorenanalytisch identifizierten Subskalen panikartige Ängste beim Gedanken an oder Anwesenheit am Arbeitsplatz, sowie Vermeidungsimpulse und -verhalten. Die interne Konsistenz der Arbeitsplatzphobie-Skala betrug 0,96. Arbeitsplatzphobie-Symptomatik hängt im Vergleich zu unspezifischer Angst deutlich stärker mit Arbeitsunfähigkeit zusammen.

Eine Validierung eines Cut-Off-Scores bei 2,5 als Indikator für mögliche Krankheitswertigkeit des Arbeitsangstausmaßes wurde mittels eines strukturierten diagnostischen Interviews durchgeführt (Muschalla & Linden, 2008, 2009, 2013).

Literatur

Cheng, B. H., & McCarthy, J. M. (2018). Understanding the dark and bright sides of anxiety: A theory of workplace anxiety. *Journal of Applied Psychology, 103*(5), 537.

Haines, J., Williams, C. L., & Carson, J. M. (2002). Workplace phobia: psychological and psychophysiological mechanisms. *International Journal of Stress Management, 9*(3), 129–145.

Linden, M., & Muschalla, B. (2007). Arbeitsplatzbezogene Ängste und Arbeitsplatzphobie. *Der Nervenarzt, 78*, 39–44.

Linden, M., Muschalla, B., & Olbrich, D. (2008). Die Job-Angst-Skala (JAS). Ein Fragebogen zur Erfassung arbeitsplatzbezogener Ängste. *Zeitschrift für Arbeits- und Organisationspsychologie A&O, 52*(3), 126–134.

Muschalla, B., & Linden, M. (2008). Die Arbeitsplatzphobie-Skala. Ein Screening-Instrument für die medizinische Rehabilitation. *Ärztliche Psychotherapie, 3*(4), 258–262.

Muschalla, B., & Linden, M. (2009). Arbeitsplatzängste und Arbeitsplatzphobie und ihre Auswirkungen auf die berufliche Partizipation. *Versicherungsmedizin, 61*, 63–68.
Muschalla, B., & Linden, M. (2011). Sozialmedizinische Aspekte bei psychischen Erkrankungen. *Der Nervenarzt, 82*(7), 917–931.
Muschalla, B., & Linden, M. (2013). *Arbeitsplatzbezogene Ängste und Arbeitsplatzphobie: Phänomenologie, Diagnostik, Behandlung, Sozialmedizin*. Kohlhammer.

Theoretische Grundlagen und diagnostische Zielsetzung

2

Zusammenfassung

Die Job-Angst-Skala und die Arbeitsplatzphobie-Skala basieren – im Gegensatz zu anderen Skalen, die nach Arbeitsplatzstressoren fragen – auf einem psychopathologisch-phänomenologischen Konzept der Angst. Sie beschreiben und differenzieren verschiedene Formen von Arbeitsängsten. Solche Differenzierung ist notwendig im klinischen Setting im Hinblick auf Therapieentscheidungen und spezifische Verlaufsmessungen. Sie kann auch hilfreich sein in betriebspsychologischen- und -medizinischen Settings, in der Rehabilitation zur Identifikation von Menschen mit berufsbezogenen Problemen. Mit den Fragebögen sind keine Diagnosen zu stellen, sondern die Skalen erfassen das Ausmaß der subjektiv erlebten arbeitsbezogenen Ängste von Probanden.

Arbeitsunfähigkeit, sozialmedizinische Problemlagen und Gefährdung der Erwerbsfähigkeit bei psychischen Erkrankungen sind seit einiger Zeit ein Thema von vorrangiger Bedeutung für die Arbeitsgesundheit und Gesundheitsversorgung (Muschalla & Linden, 2013; Muschalla, 2018). Psychische Erkrankungen kommen bei einem Viertel bis einem Drittel der Allgemeinbevölkerung vor (Wittchen et al., 2011) und sind inzwischen der häufigste Grund für Frühberentungen (DRV, 2020). Neben krankheitsspezifischen Leistungseinschränkungen kommt hierbei auch Ängsten und Insuffizienzerleben im Zusammenhang mit dem Arbeitsplatz eine große Bedeutung zu. Arbeitsbezogene Ängste sind spezifische auf die Arbeit bezogene Ängste und lassen sich klinisch wie wissenschaftlich von allgemeinen Ängsten abgrenzen. Arbeitsunfähigkeit ist eine häufige Folge bzw. Begleiterscheinung von Arbeitsängsten. Es handelt sich somit um betriebs- und volkswirtschaftliche Probleme, ebenso wie Probleme für die jeweiligen individuellen beruflichen Biografien.

B. Muschalla, M. Linden, *JAS – Jobangst- und Arbeitsplatzphobie-Skala*, Manuale zu Testverfahren und Fragebögen, https://doi.org/10.1007/978-3-662-70652-7_2

Arbeitsängste sind häufig. Sie kommen in etwa 5 % der berufstätigen Allgemeinbevölkerung vor, bei 10 % von psychisch erkrankten Hausarztpatienten und zu 30–60 % unter Patienten in der medizinischen Rehabilitation (Muschalla & Linden, 2013). Sie haben in den letzten 15 Jahren in der wissenschaftlichen Forschung verstärkt Aufmerksamkeit gefunden hinsichtlich Diagnostik und Behandlung (Haines et al., 2002; Linden et al., 2003; Linden & Muschalla, 2007a, b, 2013; Muschalla et al., 2016). Zuvor wurden arbeitsbezogene Ängste in der arbeitswissenschaftlichen Perspektive allenfalls implizit im Rahmen von Modellen wie „Mobbing", „Stress am Arbeitsplatz" oder „Burnout" thematisiert (z. B. Leymann, 1993; Zapf et al., 1996; Selye, 1983; Greif et al., 1991; Maslach & Jackson, 1981; Gusy, 1995; Rohmert, 1984). In der arbeitspsychologischen Forschung wurden weiterhin emotionale Arbeitsanforderungen, affektive Reaktionen bei bestimmten Arbeitsbedingungen, Abwesenheitsverhalten, Arbeitszufriedenheit, sowie Belastungs- und Beanspruchungskonzepte diskutiert (Dormann et al., 2002; Sczesny & Thau, 2004; Treier, 2003; Wegge & Neuhaus, 2002). Es gibt seit langem auch Untersuchungen zum grundsätzlichen Zusammenhang von Arbeitsplatz und Psychopathologie (z. B. Haslam et al., 2005; Buddeberg-Fischer et al., 2005; Hobson & Beach, 2000; Turnipseed, 1998; Kawakami et al., 1996; Brodsky, 1988). Dabei wird jedoch auf die herkömmliche Klassifikation von Angststörungen oder Depressionen Bezug genommen. Auch die Posttraumatische Belastungsstörung wurde im Kontext des Arbeitsplatzes behandelt. (Laposa et al., 2003; MacDonald et al., 2003; Price et al., 2006). Des Weiteren gibt es Berichte über arbeitsbezogene Angstphänomene bei spezifischen Berufsgruppen (Fehm & Schmidt, 2006).

Eine Beschreibung und Differenzierung verschiedener Formen spezifischer arbeitsbezogener Ängste wurde jedoch erstmalig ab 2006 auf Grundlage von Beobachtungen im rehabilitationsmedizinischen Setting induktiv und empirisch erarbeitet (Linden & Muschalla, 2007a, b, 2013). Zuvor gab es keine Nosologie arbeitsbezogener Ängste und auch kein Erfassungsinstrument für unterschiedliche Phänomene arbeitsbezogener Ängste.

Auf diesem Hintergrund wurden die Job-Angst-Skala (JAS) und die Arbeitsplatzphobie-Skala (Muschalla & Linden, 2013) entwickelt. Sie basieren auf der Phänomenologie bzw. Psychopathologie von Ängsten (z. B. Gastpar et al., 2003).

Die Job-Angst-Skala und die Arbeitsplatzphobie-Skala dienen nicht dazu, Diagnosen zu stellen, sondern erfassen und quantifizieren dimensional das subjektiv erlebte Ausmaß an arbeitsbezogenen Ängsten. Dies ist von Bedeutung für ein Screening, die Diagnostik, Therapie und sozialmedizinische Beurteilung. Hierfür ist eine mehrdimensionale Beschreibung der unterschiedlichen Formen arbeitsbezogener Ängste unverzichtbar.

Die Job-Angst-Skala ist ein Fragebogen zur Selbsteinschätzung, der verschiedene Dimensionen und die Intensität arbeitsplatzbezogener Ängste erfasst. Die Skala beinhaltet 70 Items in 14 Subskalen, die wiederum in fünf Hauptdimensionen zusammengefasst werden können: (1) Stimulusbezogene Ängste und Vermeidungsverhalten, (2) Soziale Ängste und Beeinträchtigungskognitionen, (3) Gesundheits- und körperbezogene Ängste, (4) Insuffizienzerleben und (5) Arbeitsplatzbezogene generalisierte Sorgen.

Literatur

Brodsky, C. (1988). The psychiatric epidemic in the American workplace. *Occupational Medicine (Philadelphia, Pa.), 3*(4), 653–662.

Buddeberg-Fischer, B., Klaghofer, R., & Buddeberg, C. (2005). Arbeitsstress und gesundheitliches Wohlbefinden junger Ärztinnen und Ärzte. *Zeitschrift für Psychosomatische Medizin und Psychotherapie, 51*, 163–178.

Dormann, C., Zapf, D., & Isic, A. (2002). Emotionale Arbeitsanforderungen und ihre Konsequenzen bei Call Center-Arbeitsplätzen. *Zeitschrift für Arbeits- und Organisationspsychologie, 46*(4), 201–215.

DRV. (2020). *Rentenversicherung in Zahlen*. Deutsche Rentenversicherung Bund.

Fehm, L., & Schmidt, K. (2006). Performance anxiety in gifted adolescent musicians. *Journal of Anxiety Disorders, 20*(1), 98–109.

Gastpar, M. T., Kasper, S., & Linden, M. (2003). *Psychiatrie und Psychotherapie*. Springer.

Greif, S., Bamberg, E., & Semmer, N. (1991). *Psychischer Stress am Arbeitsplatz*. Hogrefe.

Gusy, B. (1995). *Stressoren in der Arbeit, soziale Unterstützung und Burnout: eine Kausalanalyse*. Profil.

Haines, J., Williams, C. L., & Carson, J. M. (2002). Workplace phobia: Psychological and psychophysiological mechanisms. *International Journal of Stress Management, 9*(3), 129–145.

Haslam, C., Atkinson, S., Brown, S., & Haslam, R. (2005). Anxiety and depression in the workplace: Effects on the individual and organisation (a focus group investigation). *Journal of Affective Disorders, 88*(2), 209–215.

Hobson, J., & Beach, J. (2000). An investigation of the relationship between psychological health and workload among managers. *Occupational Medicine, 50*(7), 518–522.

Kawakami, N., Iwata, N., Tanigawa, T., Oga, H., Araki, S., Fujihara, S., & Kitamura, T. (1996). Prevalence of mood and anxiety disorders in a working population in Japan. *Journal of Occupational and Environmental Medicine, 38*(9), 899–905.

Laposa, J. M., Alden, L. E., & Fullerton, L. M. (2003). Work stress and posttraumatic stress disorder in ED nurses/personnel (CE). *Journal of Emergency Nursing, 29*(1), 23–28.

Leymann, H. (1993). *Mobbing. Psychoterror am Arbeitsplatz Und Wie Man Sich Dagegen Wehren Kann* (Mobbing. Psychological terror at the workplace and how one can defend oneself). Rowohlt.

Linden, M., & Muschalla, B. (2007a). Arbeitsplatzbezogene Ängste und Arbeitsplatzphobie. *Der Nervenarzt, 78*(1), 39–44.

Linden, M., & Muschalla, B. (2007b). Anxiety disorders and workplace-related anxieties. *Journal of Anxiety Disorders, 21*(3), 467–474.

Linden, M., Oberle-Thiemann, C., & Weidner, C. (2003). Arbeitsplatzphobie. *Medizinische Wochenschrift – Fortschritte der Medizin, 145*, 33–36.

MacDonald, H. A., Colotla, V., Flamer, S., & Karlinsky, H. (2003). Posttraumatic stress disorder (PTSD) in the workplace: A descriptive study of workers experiencing PTSD resulting from work injury. *Journal of Occupational Rehabilitation, 13*(2), 63–77.

Maslach, C., & Jackson, S. E. (1981). The measurement of experienced burnout. *Journal of Organizational Behavior, 2*(2), 99–113.

Muschalla, B., & Linden, M. (2013). *Arbeitsplatzbezogene Ängste und Arbeitsplatzphobie: Phänomenologie, Diagnostik, Behandlung, Sozialmedizin*. Kohlhammer.

Muschalla, B., Linden, M., & Jöbges, M. (2016). Work-anxiety and sickness absence after a short inpatient cognitive behavioral group intervention in comparison to a recreational group meeting. *Journal of Occupational and Environmental Medicine, 58*(4), 398–406.

Muschalla, B. (2018). Arbeitsangst und Arbeitsfähigkeit(sbeeinträchtigung) – (Wie) Kann Führung vorbeugen? *Personal Quarterly, 2*, 16–23. https://www.haufe.de/personal/zeitschrift/personal-quarterly/personalquarterly-22018-gesundheit-in-unternehmen-personalquarterly_48_445498.html. Zugegriffen am 06.06.2021.

Price, J. L., Monson, C. M., Callahan, K., & Rodriguez, B. F. (2006). The role of emotional functioning in military-related PTSD and its treatment. *Journal of Anxiety Disorders, 20*(5), 661–674.

Rohmert, W. (1984). Das Belastungs-Beanspruchungs-Konzept. *Zeitschrift für Arbeitswissenschaft, 38*(4), 193–200.

Sczesny, S., & Thau, S. (2004). Gesundheitsbewertung vs. Arbeitszufriedenheit: Der Zusammenhang von Indikatoren des subjektiven Wohlbefindens mit selbstberichteten Fehlzeiten. *Zeitschrift für Arbeits- und Organisationspsychologie A&O, 48*(1), 17–24.

Selye, H. (1983). The stress concept today. Past, present and future. In C. L. Cooper (Hrsg.), *Stress research-issues for the eighties* (S. 1–20). Wiley.

Treier, M. (2003). Belastungs- und Beanspruchungsmomente bei der Teleheimarbeit. *Zeitschrift für Arbeits- und Organisationspsychologie, 47*(1), 24–35.

Turnipseed, D. L. (1998). Anxiety and burnout in the health care work environment. *Psychological Reports, 82*(2), 627–642.

Wegge, J., & Neuhaus, L. (2002). Emotionen bei der Büroarbeit am PC: Ein Test der „affective events"- Theorie. *Zeitschrift für Arbeits- und Organisationspsychologie, 46*(4), 173–184.

Wittchen, H.-U., Jacobi, F., Rehm, J., Gustavsson, A., Svensson, M., Jönsson, B., Olesen, J., Allgulander, C., Alonso, J., & Faravelli, C. (2011). The size and burden of mental disorders and other disorders of the brain in Europe 2010. *European Neuropsychopharmacology, 21*(9), 655–679.

Zapf, D., Knorz, C., & Kulla, M. (1996). On the relationship between mobbing factors, and job content, social work environment, and health outcomes. *European Journal of Work and Organizational Psychology, 5*(2), 215–237.

Fragebogenkonstruktion

3

Zusammenfassung

Die Job-Angst-Skala erfasst mit 70 Items fünf verschiedene Phänomene von Arbeitsangst: Stimulsbezogene Ängste und Vermeidung, Soziale Ängste, gesundheitsbezogene Ängste, Insuffizienzängste, Sorgenängste.

Die Arbeitsplatzphobie-Skala enthält 13 Items der JAS, die die arbeitsplatzphobische Symptomatik im engeren Sinne erfassen (Vermeidung und globale arbeitsbezogene Angst).

3.1 Job-Angst-Skala (JAS)

Dimensionen der Job-Angst-Skala

Mit der Job-Angst-Skala (JAS)sollen die unterschiedlichen Formen speziell auf den Arbeitsplatz oder die Arbeitswelt bezogener Ängste erfasst und differenziert werden. Arbeitsbezogene Ängste sind kein homogenes Phänomen, sondern können sehr unterschiedliche Facetten haben. Die Job-Angst-Skala umfasst fünf Hauptdimensionen, die sich jeweils noch in weitere Subskalen aufteilen lassen (Tab. 3.1, 3.2):

Stimulusbezogene Ängste und Vermeidungsverhalten umfassen antizipatorische Ängste mit allgemeiner Anspannung am Arbeitsplatz, bei Gedanken an den Arbeitsplatz oder in Erwartung kommenden Ereignisse bei der Arbeit. Hierzu gehört auch phobische Vermeidung, die Arbeitsplatzsituationen ebenso betreffen kann wie Begegnungen mit Kollegen oder Vorgesetzten, sei es am Arbeitsplatz oder auch an Orten außerhalb der Arbeit. Auch der Arbeitsplatz als solcher kann vermieden werden. Es kann zu schneller Flucht nach der Arbeit oder Krankschreibungen bei der Antizipation von Arbeitsplatzproblemen kommen. Konditionierte Ängste sind in ihrer Entstehung ereignisbezogen, ähnlich wie bei einer PTSD. Zwei ***Globalitems*** erfassen eine generelle Angst und Unwohlsein bei Anwesenheit am oder beim Gedanken an den Arbeitsplatz.

B. Muschalla, M. Linden, *JAS – Jobangst- und Arbeitsplatzphobie-Skala*, Manuale zu Testverfahren und Fragebögen, https://doi.org/10.1007/978-3-662-70652-7_3

Tab. 3.1 Hauptdimensionen und Subskalen der Job-Angst-Skala (JAS)

Dimension	Subskalen
Stimulusbezogene Ängste und Vermeidungsverhalten	- Antizipatorische Angst - Phobische Vermeidung - Konditionierte Angst - Globale Arbeitsplatzangst (Globalitems)
Soziale Ängste und Beeinträchtigungskognitionen	- Ausbeutungsangst - Soziale Ängste - Bedrohungs- und Beeinträchtigungsüberzeugungen
Gesundheits- und körperbezogene Ängste	- Hypochondrische Tendenzen - Panik und körperliche Symptome - Funktionsbezogene Ängste
Insuffizienzerleben	- Allgemeine Insuffizienzgedanken - Veränderungsängste
Arbeitsbezogene Sorgen	- Arbeitsbezogene generalisierte Sorgen - Existenzangst

Soziale Ängste beziehen sich auf die Antizipation und Vermeidung sozialer Situationen mit Kollegen oder Vorgesetzten. Beeinträchtigungskognitionen umfassen die Befürchtung, von Kollegen oder Vorgesetzten ausgenutzt oder bedroht zu werden.

Gesundheits- und körperbezogene Ängste umfassen hypochondrische Befürchtungen im Zusammenhang mit dem Arbeitsplatz und Überzeugungen, dass die Arbeit gesundheitsschädlich ist und die Arbeitsbedingungen krank machen.

Insuffizienzängste umfassen Sorgen wegen der eigenen unzureichenden Qualifikation, Überforderung, mangelndem Wissen und daraus resultierenden Fehlern. Dazu gehören auch Veränderungsängste im Sinne von Angst vor der Übernahme neuer Aufgaben, strukturellen, personalen oder technischen Veränderungen im Betrieb und die Unsicherheit, was als nächstes auf einen zukommt.

Arbeitsbezogene generalisierte Sorgen im Sinne einer Tendenz zu generalisierten Befürchtungen und ständiger Besorgtheit wegen alltäglicher Kleinigkeiten am Arbeitsplatz betreffen die Beschäftigung mit Arbeitsproblemen in der Freizeit sowie die Einschränkung anderer alltäglicher Verrichtungen durch die Besorgnis über Arbeitsangelegenheiten. Hierzu gehören auch Existenzängste mit Befürchtungen, den Arbeitsplatz verlieren zu können und einen Verlust an sozialem Ansehen und wirtschaftlicher Existenzsicherung hinnehmen zu müssen.

Konstruktion und Erstevaluation bei Menschen mit verschiedenen Gesundheitsproblemen

Auf der Basis von klinischen Beobachtungen arbeitsbezogenen Vermeidungsverhaltens, Patientenberichten über Arbeitsängste, sowie mit Hilfe von diagnostischen Kriterien für Angsterkrankungen und von allgemeinen Angstfragebögen wurde zunächst eine Verfassung des Fragebogens mit 106 Items erstellt. Aufgrund der Ergebnisse einer Pilotuntersuchung in einem stationären Rehabilitationsbehandlungs-Setting für Menschen mit üblichen psychischen Erkrankungen (Ängste, Stimmungserkrankungen, Anpassungsstörungen, Teilleistungsstörungen) konnte die Itemzahl auf 70 reduziert werden.

Tab. 3.2 Items der Job-Angst-Skala (JAS)

Dimension **Stimulusbezogene Ängste und Vermeidungsverhalten**			
Stimulusbezogene Angst bzgl. des Arbeitsplatzes generell (Globalitems) (2 Items)	**Antizipatorische Ängste (5 Items)**	**Phobische Vermeidung (6 Items)**	**Konditionierte Angst (im Sinne PTSD) (4 Items)**
(63) Ich erlebe starke Befindlichkeitsstörungen oder Unbehagen, wenn ich an meinem Arbeitsplatz *bin*. (64) Ich erlebe starke Befindlichkeitsstörungen oder Unbehagen, wenn ich an meinen Arbeitsplatz *denke*.	(2) Wenn ich an meinen Arbeitsplatz denke, merke ich, wie sich alles in mir anspannt. (5) Bei der Vorstellung, an diesem Arbeitsplatz einen kompletten Arbeitstag durchstehen zu müssen, bekomme ich Panikgefühle. (6) In bestimmten Situationen am Arbeitsplatz befürchte ich, ich könnte körperliche Symptome bekommen, wie z. B. Erröten, Zittern, Schwitzen, Herzrasen … (19) Im Allgemeinen habe ich vor Arbeitstagen einen deutlich schlechteren Schlaf als vor Nicht-Arbeitstagen. (48) Während ich arbeite, bin ich ständig auf der Hut, was als nächstes passieren könnte.	(22) Es kostet mich Überwindung, öffentliche Orte (z. B. örtlicher Supermarkt) aufzusuchen, an denen ich Arbeitskollegen oder Vorgesetzte treffen könnte. (23) Wenn irgend möglich, meide ich es, mich in die Nähe meiner Arbeitsstelle zu begeben. (10) Lieber laufe ich einen Umweg, als dass ich die Straße entlanggehe, in der sich meine Arbeitsstelle befindet. (28) Ich musste mich ein oder mehrere Male krankschreiben lassen, weil ich die Probleme an meinem Arbeitsplatz nicht länger hätte ertragen können. (30) Auf dem Weg hin zu meiner Arbeitsstelle würde ich am liebsten umdrehen. (33) Nach der Arbeit beeile ich mich mehr als andere, bloß schnell von allem dort wegzukommen.	(65) Erst seit einem bestimmten für mich schwerwiegenden Ereignis habe ich Befindlichkeitsstörungen am Arbeitsplatz. (36) Bestimmte Situationen bei meiner Arbeit rufen Erinnerungen an frühere unangenehme Arbeitssituationen in mir wach, bei denen ich unruhig werde. (41) Ich habe am Arbeitsplatz einmal ein schreckliches Erlebnis gehabt, das in meinen Gedanken gegenwärtig bleibt und mich beunruhigt. (9) Vor meinem inneren Auge kommen mir oft Erinnerungen hoch an schlimme Erlebnisse am Arbeitsplatz.

(Fortsetzung)

Tab. 3.2 (Fortsetzung)

Dimension Stimulusbezogene Ängste und Vermeidungsverhalten			
Dimension Soziale Ängste und Beeinträchtigungskognitionen			
Ausbeutungsängste (5 Items)	**Soziale Ängste (9 Items)**	**Soziale Ängste**	**Bedrohungs- und Beeinträchtigungs-Überzeugungen (5 Items)**
(39) Meine Kollegen nutzen mich aus. (40) Mein Vorgesetzter nutzt mich aus. (15) Bei der Arbeit bleibt immer alles an mir hängen. (27) Die Kollegen schonen sich auf meine Kosten. (24) Bei meiner Arbeit wird man für die verlangte Leistung nicht angemessen bezahlt.	(25) Wenn ich bestimmte Kollegen oder Vorgesetzte in meinem Betrieb nur von weitem sehe, versuche ich, ihnen nicht direkt zu begegnen. (26) Wenn ich bestimmte Kollegen oder Vorgesetzte außerhalb meines Betriebes nur von weitem sehe, versuche ich, ihnen nicht direkt zu begegnen. (42) Wenn ich mit Kollegen oder Vorgesetzten sprechen muss, befürchte ich, ich könnte körperliche Symptome bekommen, wie z. B. Erröten, Zittern, Schwitzen, Herzrasen … (44) Ich fühle mich unsicher, wenn ich mit bestimmten Personen zusammen arbeiten muss. (46) Ich bekomme Panik, wenn ich zu einem Gespräch mit meinem Vorgesetzten gerufen werde. (47) Ich fühle mich unsicher, wenn ich bei meiner Arbeit beobachtet werde.	(31) Am Arbeitsplatz habe ich Probleme im Umgang mit Klienten (oder Patienten, Schülern, Publikum etc.) (62) Am Arbeitsplatz habe ich Probleme mit einem oder mehreren Kolleginnen oder Kollegen. (38) Am Arbeitsplatz habe ich Probleme mit einem oder mehreren Vorgesetzten.	(49) Ich werde an diesem Arbeitsplatz absichtlich ausgegrenzt. (51) Mein Vorgesetzter schikaniert mich. (52) Meine Kollegen schikanieren mich. (54) An meinem Arbeitsplatz bin ich aller Willkür und Ungerechtigkeit ausgeliefert. (56) Man hat mir absichtlich besonders schwierige Arbeitsbedingungen geschaffen.

Dimension Gesundheits- und körperbezogene Ängste			
	Hypochondrische Ängste (5 Items)	**Panik und körperliche Symptome (3 Items)**	**Gesundheitsängste bzw. Funktionsbezogene Ängste (2 Items)**
	(21) Meine Arbeit ruiniert mich gesundheitlich. (29) Wenn ich noch lange an diesem Arbeitsplatz bin, werde ich gesundheitliche Schäden davontragen. (66) Mit meinen aktuellen Gesundheitsproblemen kann ich an diesem Arbeitsplatz eigentlich nicht tätig sein. (1) Die Bedingungen am meinem Arbeitsplatz machen mich krank. (50) Der Stress an meinem Arbeitsplatz ist gesundheitsschädigend.	(7) Ich habe erlebt, dass ich in bestimmten Situationen am Arbeitsplatz körperliche Symptome bekommen habe, wie z. B. Zittern, Schwitzen, Erröten, Herzrasen … (32) Je näher ich meiner Arbeitstelle komme, desto stärker erlebe ich körperliche Symptome, wie z. B. Zittern, Schwitzen, Herzklopfen. (34) In bestimmten Situationen am Arbeitsplatz bekomme ich Panikgefühle.	(58) Ich habe nachgewiesene gesundheitliche Einschränkungen, die meine Leistungsfähigkeit bei der Arbeit beeinträchtigen. (3) Mein gesundheitlicher Zustand macht mir im Arbeitsalltag Probleme.

(Fortsetzung)

Tab. 3.2 (Fortsetzung)

Dimension Stimulusbezogene Ängste und Vermeidungsverhalten			
Dimension Insuffizienzängste			
	Allgemeine Insuffizienzgedanken (9 Items)	**Veränderungsängste (5 Items)**	
	(11) Ich fühle mich mit meiner Arbeit überfordert. (12) Meine Arbeitsbedingungen bedeuten für mich negativen Stress. (18) Die Umstände, unter denen ich arbeite, machen mich unruhig. (17) Manchmal habe ich das Gefühl, dass mein Wissen für die Arbeit, die ich verrichte, nicht ausreicht. (43) Ich mache viele Fehler bei der Arbeit oder bin zu langsam. (59) Ich bin für neue Arbeiten nicht genügend qualifiziert. (37) Manchmal habe ich die Vorstellung, meine gesundheitlichen Defizite führen dazu, dass ich meine Arbeit nicht zufriedenstellend ausführe. (8) Die Befindlichkeitsstörungen, die ich am Arbeitsplatz erlebe, schränken meine Leistungsfähigkeit ein. (60) Ich befürchte, die Kollegen könnten mich wegen meiner gesundheitlichen Einschränkungen nicht für voll nehmen.	(16) Ich weiß nicht, wie ich reagieren soll, wenn ich bei der Arbeit neue Aufgaben übernehmen soll. (4) Ich leide darunter, dass man bei der Arbeit nie weiß, was als nächstes kommt. (13) Ich leide darunter, dass man bei der Arbeit nie sicher sein kann, dass nicht alles geändert wird. (45) Ich leide darunter, dass ich ständig im Unklaren gelassen werde, was auf mich zukommt. 55) Ich befürchte, im Zusammenhang mit betrieblichen Veränderungen (z. B. neue Technologien, Maschinen, neue Vorgesetzte und Kollegen) nicht mehr Schritt halten zu können.	

Dimension Arbeitsplatzbezogene Sorgen			
Sorgen im Sinne arbeitsplatzbezogener generalisierter Angst (5 Items)	**Existenzangst (5 Items)**		
(67) Ich mache mir ständig Sorgen um Dinge, die meine Arbeit betreffen. (14) Kollegen oder Familienangehörige haben mir schon gesagt, dass ich mir bzgl. meiner Arbeit zu viele Sorgen mache. (20) Auch in meiner Freizeit bin ich mit meinem Gedanken ständig bei der Arbeit. (57) Meine Gedanken um Arbeitsprobleme halten mich auch von anderen Erledigungen ab. (68) Ich leide darunter, dass ich die Sorgen um meine Arbeit nicht abstellen kann.	(61) Ich halte es für wahrscheinlich, dass man heutzutage leicht wegen Fehlzeiten entlassen werden kann. (35) Ich glaube, dass – egal wie man sich anstrengt – der Arbeitsplatz ständig gefährdet ist. (69) Arbeitslos zu sein, bedeutet für mich, mein ganzes Ansehen zu verlieren. (70) Der Verlust meines Arbeitsplatzes ist/wäre eine starke Bedrohung meiner Existenz. (53) Wenn man heute arbeitslos ist oder wird, dann findet man sowieso nie wieder einen Job!		

In der ersten Erprobung des 70-Items-Skala der JAS (Linden et al., 2008) wurde Patienten mit psychischen Erkrankungen unter dem Titel „Fragebogen zu Arbeitsplatzproblemen" vorgegeben, der „Situationen, Gedanken und Gefühle" erfragt, „die man am Arbeitsplatz erleben kann". Die Patienten wurden gebeten, sich mit ihren Antworten auf ihren gegenwärtigen Arbeitsplatz, oder – im Falle von Arbeitslosigkeit – auf ihren letzten oder einen ähnlichen Arbeitsplatz zu beziehen. Sollten sie in mehreren Arbeitsverhältnissen gleichzeitig stehen, so sollten sich die Antworten auf denjenigen Arbeitsplatz beziehen, der die meisten Einflüsse auf das Befinden und das Alltagsleben des Probanden hat. Der Skala vorangestellt wurde ein kurzer Bogen, der die soziodemografischen Variablen Alter und Geschlecht und arbeitsanamnestische Daten des Berufstätigkeitsstatus, Arbeitslosigkeits- oder Krankschreibungszeiten und Position am Arbeitsplatz erfasst. Die Beurteilung jedes Items erfolgte auf einer fünfstufigen Likert-Skala, von „0" „trifft gar nicht zu" bis zu „4" „trifft voll zu".

Zusätzlich zur JAS wurde das State-Trait-Angst Inventar (STAI-Trait, Spielberger et al., 1981) eingesetzt, um die generelle unspezifische Ängstlichkeit zu erfassen. Die Patienten füllten diesen Fragebogen JAS zu Beginn ihres stationären Aufenthaltes in einer Rehabilitationsklinik aus. Eine Woche später erfolgte eine Wiederholungsmessung.

Die Probandenstichprobe dieser Erstevaluation im rehabilitationsmedizinischen Setting umfasste 190 Personen. Sie setzte sich zusammen aus 100 Patienten einer orthopädischen und 90 Patienten einer psychosomatischen Rehabilitationsklinik. 72 % waren Frauen. Das Durchschnittsalter der Patienten betrug 48,7 Jahre. (SD = 8,6). 82 % der Probanden waren bis zur Aufnahme in die Klinik berufstätig, 17,5 % arbeitslos und eine Person berentet. 57 % der Patienten kamen direkt von ihrem Arbeitsplatz in die Klinik, 25 % waren vor der Aufnahme krankgeschrieben. Die Dauer der Arbeitslosigkeit betrug zwischen einem und 58 Monaten (M = 16), die Krankschreibungsdauer lag zwischen zwei und 72 Wochen (M = 7). 93 % der Befragten waren in ihrem letzten bzw. aktuellen Arbeitsverhältnis als Angestellte tätig, 2,5 % selbstständig. 10 % hatten eine mittlere und 5 % eine gehobene Leitungsposition inne.

3.2 Arbeitsplatzphobie-Skala

Eine gemeinsame Endstrecke aller Arbeitsplatzängste ist die Arbeitsplatzphobie, d. h. die Panik vor und Vermeidung des Arbeitsplatzes insgesamt (Haines et al., 2002; Muschalla & Linden, 2009a, 2009b, 2013). Arbeitsplatzbezogenes Vermeidungsverhalten kann stark generalisieren, bspw. wenn ein Patient mit einer Arbeitsplatzphobie nicht mehr auf die Straße geht oder Supermärkte vermeidet, weil er fürchtet, dort Kollegen oder Vorgesetzte treffen zu können. In der Regel geht eine ausgeprägte Arbeitsplatzphobie mit Arbeitsunfähigkeit einher und dem Problem, dass eine Wiedereingliederung am Arbeitsplatz schwieriger wird, je länger die Abwesenheit andauert. Daher ist die frühzeitige Erkennung einer arbeitsplatzphobischen Problematik von Bedeutung, um ggf. mit betrieblichen Maßnahmen (BEM, BGM) oder auch einer Behandlung zu verhindern, dass Menschen deswegen arbeitsunfähig werden und u.U. sogar verfrüht aus dem Berufsleben ausscheiden.

Eine Operationalisierung und Messung des Ausmaßes arbeitsplatzphobischer Symptomatik ist mit der Arbeitsplatzphobie-Skala möglich. Ausgewählte Inhalte der Job-Angst-Skala wurden zu einem Kurzscreening zur Erfassung der Arbeitsplatzphobie-Symptomatik mit 13 Items zusammengefasst (Muschalla & Linden, 2008, 2009a, b, 2013). Die Skala ist ökonomisch einsetzbar und gut geeignet für eine Screening-Untersuchung in der ambulanten oder stationären klinischen Routinediagnostik und Basisdokumentation (Muschalla & Linden, 2011), sowie auch als Kurzskala zur Erfassung des Ausmaßes arbeitsphobischer Angst in der berufstätigen Allgemeinbevölkerung, und in der Forschung.

Literatur

Haines, J., Williams, C. L., & Carson, J. M. (2002). Workplace phobia: psychological and psychophysiological mechanisms. *International Journal of Stress Management, 9*(3), 129–145.

Linden, M., Muschalla, B., & Olbrich, D. (2008). Die Job-Angst-Skala (JAS). Ein Fragebogen zur Erfassung arbeitsplatzbezogener Ängste. *Zeitschrift für Arbeits- und Organisationspsychologie, 52*, 126–134.

Muschalla, B., & Linden, M. (2008). Die Arbeitsplatzphobie-Skala. Ein Screening-Instrument für die medizinische Rehabilitation. *Ärztliche Psychotherapie, 3*(4), 258–262.

Muschalla, B., & Linden, M. (2009a). Arbeitsplatzängste und Arbeitsplatzphobie und ihre Auswirkungen auf die berufliche Partizipation. *Versicherungsmedizin, 61*, 63–68.

Muschalla, B., & Linden, M. (2009b). Workplace phobia–a first explorative study on its relation to established anxiety disorders, sick leave, and work-directed treatment. *Psychology, Health & Medicine, 14*(5), 591–605.

Muschalla, B., & Linden, M. (2011). Sozialmedizinische Aspekte bei psychischen Erkrankungen. *Der Nervenarzt, 82*(7), 917–931.

Muschalla, B., & Linden, M. (2013). *Arbeitsplatzbezogene Ängste und Arbeitsplatzphobie: Phänomenologie, Diagnostik, Behandlung, Sozialmedizin*. Kohlhammer.

Spielberger, C. D., Laux, L., Glanzmann, P., & Schaffner, P. (1981). *Das State-Trait-Angst-Inventar*. Beltz Testgesellschaft.

4 Psychometrische Eigenschaften

Zusammenfassung

Die Job-Angst-Skala und die Arbeitsplatzphobie-Skala verfügen über gute psychometrische Qualitäten. Die internen Konsistenzen (Cronbachs Alpha) liegen bei 0,95–0,98, die Retest-Reliabilität der Gesamtskala $r_{tt} = 0{,}82$ (Linden et al., 2008). Validierungen erfolgten inhaltlich (Abbildung der Psychopathologie von verschiedenen Angstformen mittels der JAS), sowie mittels Zusammenhangsprüfungen mit spezifischen Merkmalen: Arbeitsangst hängt stärker mit Arbeitsunfähigkeit zusammen als andere Ängste. Arbeitsangst korreliert nur mittel mit unspezifischer Ängstlichkeit, d.h. es handelt sich um verschiedene Phänomene. Menschen mit hohen Werten auf der Arbeitsplatzphobie-Skala erfüllen in vielen Fällen auch im klinischen Interview die Kriterien einer Arbeitsplatzphobie.

4.1 Job-Angst-Skala

Objektivität

Die Objektivität der Durchführung und Auswertung ist dadurch gesichert, dass es sich um einen standardisierten Fragebogen handelt. Die Items werden den Probanden in immer gleicher Weise vorgelegt. Die Auswertung erfolgt mittels Mittelwertbildung über die Gesamtskala oder die Subskalen.

Reliabilität

Retestreliabilität. Die Retestreliabilität wurde in einer Teilstichprobe von N = 185 Patienten über die Items einzeln ermittelt und betrug im Gesamtmittel *r*it = 0,815. Die niedrigste Reliabilität wurde bei Item (59) gefunden (*r*it = 0,575), die höchste bei Item (33) mit *r*it = 0,933. Die Gesamtskala kann damit als ein zuverlässiges Instrument angesehen werden.

B. Muschalla, M. Linden, *JAS – Jobangst- und Arbeitsplatzphobie-Skala*, Manuale zu Testverfahren und Fragebögen, https://doi.org/10.1007/978-3-662-70652-7_4

Interne Konsistenz. Die internen Konsistenzen (Cronbachs Alpha; Tab. 41.1) der fünf Dimensionen über alle Patienten sind mit Werten zwischen 0,87 und 0,95, sowie der Gesamtskala mit 0,98 als gut bis sehr gut einzuschätzen.

Ausprägungen der Dimensions-Scores. Die Mittelwerte der Dimensionen (Tab. 4.1.1) bilden bei beiden Teilstichproben eine nahezu identische Rangreihe: Die höchsten Werte findet man auf der Dimension 5 „Arbeitsplatzbezogene Sorgen", gefolgt von Dimension 3„Gesundheitsängste" und Dimension 4 „Insuffizienzängste". Die Dimensionen 1 „Stimulusbezogene Ängste und Vermeidung" sowie 2 „Soziale Ängste" bekamen die geringsten Mittelwerte.

Validität

Unterschiede in verschiedenen klinischen Populationen. Die beiden Teilstichproben der Psychosomatik- und Orthopädiepatienten unterschieden sich signifikant nicht nur hinsichtlich in der unspezifischen Ängstlichkeit (STAI-T), sondern auch bezüglich der Mittelwerte der fünf JAS-Dimensionen und aller Subskalen, bis auf „hypochondrische Tendenzen" und „funktionsbezogene Ängste". Abb. 4.1 zeigt die Mittelwerte der 14 Subskalen für die Gesamtstichprobe sowie die Teilstichproben.

Zusammenhänge von Arbeitsangst und Arbeitsunfähigkeit. Es finden sich in beiden Patientengruppen signifikante Korrelationen der JAS mit der bisherigen Dauer der Arbeitsunfähigkeit (Tab. 4.1.1). Im Gegensatz zur Arbeitsangst (JAS) zeigt die allgemeine Ängstlichkeit (STAI-T) nur bei Psychosomatik-Patienten einen Zusammenhang mit der Arbeitsunfähigkeitsdauer.

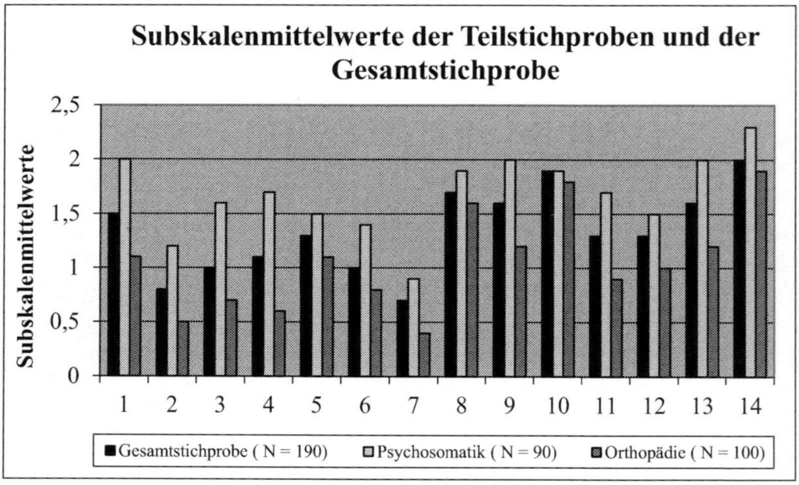

Abb. 4.1 Mittelwerte der Subskalen für Gesamtstichprobe, Psychosomatik-Patienten und Orthopädie-Patienten Anmerkungen: Subskalenbezeichnungen: 1 = Antizipatorische Angst; 2 = phobische Vermeidung; 3 = konditionierte Angst; 4 = Globalitems; 5 = Ausbeutungsangst; 6 = Soziale Ängste; 7 = Bedrohungs- und Beeinträchtigungsängste; 8 = hypochondrische Tendenzen; 9 = Panik und körperbezogene Symptome; 10 = funktionsbezogene Ängste; 11 = allgemeine Insuffizienzgedanken; 12 = Veränderungsängste; 13 = arbeitsplatzbezogene Sorgen; 14 = Existenzangst

Zusammenhänge von Arbeitsangst und Arbeitsunfähigkeit. Es finden sich in beiden Patientengruppen signifikante Korrelationen der JAS mit der bisherigen Dauer der Arbeitsunfähigkeit (Tab. 4.1.1). Im Gegensatz zur Arbeitsangst (JAS) zeigt die allgemeine Ängstlichkeit (STAI-T) nur bei Psychosomatik-Patienten einen Zusammenhang mit der Arbeitsunfähigkeitsdauer.

Zusammenhänge von Arbeitsangst und unspezifischer Ängstlichkeit. Arbeitsangst (JAS-Mittelwert) und generelle Ängstlichkeit (STAI-T) korrelieren signifikant in der Gesamtstichprobe (r = 0,687**).

Es gibt einen stärkeren korrelativen Zusammenhang zwischen JAS und STAI-T bei Orthopädiepatienten im Vergleich zu Psychosomatik-Patienten: Differenziert nach Teilstichproben ist dieser Zusammenhang bei den Orthopädiepatienten (r = 0,675**) sogar höher als bei der Psychosomatik-Stichprobe (r = 0,587**).

Dies kann als Hinweis gesehen werden, dass bei Psychosomatik-Patienten andere psychische Grunderkrankungen mitberücksichtigt werden müssen. Grundsätzlich können die in beiden Gruppen gefunden signifikanten Zusammenhänge zwischen JAS und STAI-T als Validitätsbeleg für die Erfassung eines Konstruktes „Angst" interpretiert werden.

Keine Geschlechterunterschiede und Alterszusammenhänge bei Arbeitsangst. Es finden sich keine bedeutsamen Geschlechterunterschiede für die Arbeitsangst (JAS-Gesamtskala), aber signifikant höhere Ängstlichkeits- (STAI-T-)Werte in der Gesamtstichprobe bei den Frauen. Diese im Gegensatz zur STAI-T geringere Geschlechtsabhängigkeit der JAS liefert einen weiteren Hinweis auf die Validität und eigenständige Qualität von Arbeitsängsten (Linden & Muschalla, 2007).

Im Gegensatz zum negativen Zusammenhang der generellen Ängstlichkeit (STAI-T) mit dem Alter findet sich bei der Arbeitsangst (JAS) kein bedeutsamer Zusammenhang mit dem Alter.

Faktorielle Struktur der Job-Angst-Skala. Die faktorielle Struktur des Fragebogens wurde sowohl für die JAS-Gesamtskala wie auch getrennt für die fünf Dimensionen mittels Hautkomponenten-Analyse mit Varimax-Rotation untersucht. Die Analyse über alle Items der Gesamtskala ergab in der Anfangslösung einen hohen Generalfaktor mit einer Varianzaufklärung von 41 %. Bei einer Faktorenanalyse über die fünf Dimensionen (wobei eine Dimension als ein Item analysiert wurde) ergab sich ein Generalfaktor, der 79 % der Varianz aufklärte.

Die theoretisch angenommene Fünf-Dimensionen-Struktur konnte weitestgehend bestätigt werden. Es gab nur geringfügige Abweichungen der faktoriellen Lösung der JAS-Struktur von der theoretischen Vorgabe. Es bestehen hohe Trennschärfen bei fast allen Items bezüglich der Gesamtskala sowie hohe interne Konsistenzen aller Subdimensionen wie der Gesamtskala.

Es wurden ergänzend Faktorenanalysen für jede der fünf Dimensionen berechnet, um zu prüfen, inwieweit sich die Subskalen innerhalb ihrer Hauptdimension differenzieren lassen. Die theoretisch angenommene Struktur der Subskalen wurde bei diesen Faktorenanalysen der einzelnen Dimensionen im Wesentlichen bestätigt (Tab. 4.1, 4.2 und 4.3.). Bei Dimension 1 „Stimulusbezogene Ängste und Vermeidungsverhalten" laden 14 von 17 Items auf den postulierten Faktoren und bei Dimension 2 „Soziale Ängste und Beeinträchtigungskognitionen" finden 14 von 19 Items ihre exakte Zuordnung. Die Dimensio-

Tab. 4.1 Teststatistische Kennwerte der Job-Angst-Skala (JAS)

Stichprobe Analysegegenstand	Psychosomatik (N = 90)	Orthopädie (N = 100)	Alle Pat. (N = 190)
1. Cronbachs Alpha			
Gesamtskala	0,979	0,967	0,978
Dimension 1: Stimulus, Verm.,	0,951	0,896	0,948
Kond.	0,922	0,885	0,917
Dimension 2: Soziale Ängste	0,939	0,894	0,921
Dimension 3: Gesundheitsängste	0,919	0,902	0,922
Dimension 4: Insuffizienzängste	0,881	0,826	0,870
Dimension 5: Sorgen, Existenzängste			
2. Mittelwerte			
JAS-MW (SD)	1,66 (0,96)	0,99 (0,68)	1,3 (0,87)
Dimension 1: Stimulus, Verm.,	1,57 (Rang 4)	0,7 (Rang 5)	1,1 (Rang 4)
Kond.	1,31 (Rang 5)	0,76 (Rang 4)	1,02 (Rang 5)
Dimension 2: Sozialängste	1,98 (Rang 2)	1,42 (Rang 2)	1,68 (Rang 2)
Dimension 3: Gesundheitsängste	1,64 (Rang 3)	0,98 (Rang 3)	1,23 (Rang 3)
Dimension 4: Insuffizienzängste	2,17 (Rang 1)	1,52 (Rang 1)	1,83 (Rang 1)
Dimension 5: Sorgen,	54,84 (11,86)	41,2 (10,69)	47,83 (13,16)
Existenzängste STAI-T-MW (SD)			
3. Korrelationen JAS mit Begleitvariablen:			
Alter	r = 0,174	r = −0,112	r= −0,003
Arbeitsunfähigkeitszeit	r = 0,360**	r = 0,308**	r= 0,294*
Arbeitslosigkeitszeit	r = 0,038	r = 0,027	r= −0,153
4. Korrelationen			
JAS-MW und STAI-T	r = 0,587**	r = 0,675**	r = 0,687**
5. Korrelationen STAI-T mit Begleitvariablen:			
Alter	r = −0,071	r = −0,254*	r = −0,187*
Arbeitsunfähigkeitszeit	r = 0,242**	r = −0,022	r = 0,065
Arbeitslosigkeitszeit	r = 0,077	r = −0,129	r = −0,063

*p < 0,05, **p < 0,01

nen 3 „Gesundheits- und körperbezogene Ängste“ und 5 „Arbeitsplatzbezogene Sorgen“ werden in ihrer postulierten Struktur durch die Faktorenanalyse exakt abgebildet. Lediglich die Dimension 4 „Insuffizienzerleben“ zeigt in der empirischen Lösung nicht die theoretisch angenommene Verteilung der Ladungen auf eine Subskala „Allgemeine Insuffizienzgedanken“ und eine zweite „Veränderungsängste“, sondern die Items scheinen sich entsprechend anderer inhaltlicher Aspekte zu ordnen: So sammeln sich auf dem ersten Faktor Items, die Leidensdruck deutlich machen bezüglich Veränderungsunsicherheiten, Arbeitsumständen, Überforderungserleben und erlebten Einschränkungen (z. B. Items 11, 12, 18, 4, 13, 45), und die in erster Linie intrapsychisches Erleben erfassen. Im zweiten Faktor finden sich die konkreten situationsbezogenen Inhalte, wie bspw. Ängste bei betrieblichen Veränderungen, neuen Aufgaben, Qualifikation und Wissen, Fehler und Arbeitstempo, sowie Auswirkungen gesundheitlicher Einschränkungen (z. B. Items 17, 43, 59, 37, 60, 55).

Tab. 4.2 Faktorielle Ordnung der Subskalenitems nach Hauptkomponentenanalysen mit Varimaxrotation. Ladungen > 0,30 sind aufgeführt, Hauptladungen **fett** gedruckt. Die Items sind entsprechend ihrer theoretischen Gruppierung zusammenhängend aufgeführt

Dimension Antizipatorische Ängste, Globalitems, Vermeidung, Konditionierte Angst			
Extrahierte Faktoren	I	II	III
Itemnummer und Iteminhalt			
Subskala Antizipatorische Ängste			
(2) Wenn ich an meinen Arbeitsplatz denke, merke ich, wie sich alles in mir anspannt.	**0,766**	0,312	
(5) Bei der Vorstellung, an diesem Arbeitsplatz einen kompletten Arbeitstag durchstehen zu müssen, bekomme ich Panikgefühle.	**0,813**	0,312	
(6) In bestimmten Situationen am Arbeitsplatz befürchte ich, ich könnte körperliche Symptome bekommen, wie z. B. Erröten, Zittern, Schwitzen, Herzrasen...	**0,618**		0,431
(19) Im Allgemeinen habe ich vor Arbeitstagen einen deutlich schlechteren Schlaf als vor Nicht-Arbeitstagen.	**0,626**	0,402	
(48) Während ich arbeite, bin ich ständig auf der Hut, was als nächstes passieren könnte.	0,327	0,383	**0,501**
„Globalitems" globale Arbeitsplatzangst (63) Globalitem Ich erlebe starke Befindlichkeitsstörungen oder Unbehagen, wenn ich an meinem Arbeitsplatz *bin.*	**0,774**	0,353	
(64) Globalitem Ich erlebe starke Befindlichkeitsstörungen oder Unbehagen, wenn ich an meinen Arbeitsplatz *denke.*	**0,749**	0,355	0,384
Subskala Phobische Vermeidung			
(22) Es kostet mich Überwindung, öffentliche Orte (z. B. örtlicher Supermarkt) aufzusuchen, an denen ich Arbeitskollegen oder Vorgesetzte treffen könnte.		**0,726**	0,307
(23) Wenn irgend möglich, meide ich es, mich in die Nähe meiner Arbeitsstelle zu begeben.	0,326	**0,861**	
(10) Lieber laufe ich einen Umweg, als dass ich die Straße entlanggehe, in der sich meine Arbeitsstelle befindet.		**0,782**	
(28) Ich musste mich ein oder mehrere Male krankschreiben lassen, weil ich die Probleme an meinem Arbeitsplatz nicht länger hätte ertragen können.	**0,562**		0,516
(30) Auf dem Weg hin zu meiner Arbeitsstelle würde ich am liebsten umdrehen.	**0,712**	0,481	
(33) Nach der Arbeit beeile ich mich mehr als andere, bloß schnell von allem dort wegzukommen.	0,444	**0,499**	
Subskala Konditionierte Angst			
(65) Erst seit einem bestimmten für mich schwerwiegenden Ereignis habe ich Befindlichkeitsstörungen am Arbeitsplatz.	0,373		**0,697**

(Fortsetzung)

Tab. 4.2 (Fortsetzung)

Dimension Antizipatorische Ängste, Globalitems, Vermeidung, Konditionierte Angst			
Extrahierte Faktoren	I	II	III
Itemnummer und Iteminhalt			
(36) Bestimmte Situationen bei meiner Arbeit rufen Erinnerungen an frühere unangenehme Arbeitssituationen in mir wach, bei denen ich unruhig werde.		0,393	**0,609**
(41) Ich habe am Arbeitsplatz einmal ein schreckliches Erlebnis gehabt, das in meinen Gedanken gegenwärtig bleibt und mich beunruhigt.			**0,815**
(9) Vor meinem inneren Auge kommen mir oft Erinnerungen hoch an schlimme Erlebnisse am Arbeitsplatz.	0,392	0,351	**0,633**

Dimension Ausbeutungsängste, Soziale Ängste, Bedrohungs- und Beeinträchtigungsängste			
Extrahierte Faktoren	I	II	III
Itemnummer und Iteminhalt			
Subskala Ausbeutungsängste			
(39) Meine Kollegen nutzen mich aus.			**0,846**
(40) Mein Vorgesetzter nutzt mich aus.	**0,753**		
(15) Bei der Arbeit bleibt immer alles an mir hängen.			**0,556**
(27) Die Kollegen schonen sich auf meine Kosten.			**0,830**
(24) Bei meiner Arbeit wird man für die verlangte Leistung nicht angemessen bezahlt.	0,384		**0,423**
Subskala Soziale Ängste			
(25) Wenn ich bestimmte Kollegen oder Vorgesetzte in meinem Betrieb nur von weitem sehe, versuche ich, ihnen nicht direkt zu begegnen.	0,654		
(26) Wenn ich bestimmte Kollegen oder Vorgesetzte außerhalb meines Betriebes nur von weitem sehe, versuche ich, ihnen nicht direkt zu begegnen.	0,579		
(42) Wenn ich mit Kollegen oder Vorgesetzten sprechen muss, befürchte ich, ich könnte körperliche Symptome bekommen, wie z. B. Erröten, Zittern, Schwitzen, Herzrasen...		**0,751**	
(44) Ich fühle mich unsicher, wenn ich mit bestimmten Personen zusammen arbeiten muss.		**0,770**	
(46) Ich bekomme Panik, wenn ich zu einem Gespräch mit meinem Vorgesetzten gerufen werde.	0,335	**0,779**	
(47) Ich fühle mich unsicher, wenn ich bei meiner Arbeit beobachtet werde.		**0,796**	
(31) Am Arbeitsplatz habe ich Probleme im Umgang mit Klienten (oder Patienten, Schülern, Publikum etc.)		**0,451**	
(62) Am Arbeitsplatz habe ich Probleme mit einem oder mehreren Kolleginnen oder Kollegen.		0,347	**0,588**
(38) Am Arbeitsplatz habe ich Probleme mit einem oder mehreren Vorgesetzten.	**0,755**		

(Fortsetzung)

Tab. 4.2 (Fortsetzung)

Subskala Bedrohungs- und Beeinträchtigungsängste			
(49) Ich werde an diesem Arbeitsplatz absichtlich ausgegrenzt.	**0,446**	0,383	0,430
(51) Mein Vorgesetzter schikaniert mich.	**0,810**		
(52) Meine Kollegen schikanieren mich.			**0,601**
(54) An meinem Arbeitsplatz bin ich aller Willkür und Ungerechtigkeit ausgeliefert.	**0,550**	0,385	0,379
(56) Man hat mir absichtlich besonders schwierige Arbeitsbedingungen geschaffen.	**0,535**	0,367	0,323

Dimension Hypochondrische Tendenzen, Panik und körperliche Symptome, funktionsbezogene Ängste			
Extrahierte Faktoren	**I**	**II**	**III**
Itemnummer und Iteminhalt			
Subskala Hypochondrische Tendenzen			
(21) Meine Arbeit ruiniert mich gesundheitlich.	**0,734**	0,417	0,365
(29) Wenn ich noch lange an diesem Arbeitsplatz bin, werde ich gesundheitliche Schäden davontragen.	**0,832**	0,332	
(66) Mit meinen aktuellen Gesundheitsproblemen kann ich an diesem Arbeitsplatz eigentlich nicht tätig sein.	**0,655**		0,518
(1) Die Bedingungen an meinem Arbeitsplatz machen mich krank.	**0,811**	0,365	
(50) Der Stress an meinem Arbeitsplatz ist gesundheitsschädigend.	**0,610**	0,520	
Subskala Panik und körperliche Symptome (7) Ich habe erlebt, dass ich in bestimmten Situationen am		**0,803**	
Arbeitsplatz körperliche Symptome bekommen habe, wie z. B. Zittern, Schwitzen, Erröten, Herzrasen...			
(32) Je näher ich meiner Arbeitstelle komme, desto stärker erlebe ich körperliche Symptome, wie z. B. Zittern, Schwitzen, Herzklopfen.	0,398	**0,750**	
(34) In bestimmten Situationen am Arbeitsplatz bekomme ich Panikgefühle.		**0,813**	
Subskala Funktionsbezogene Ängste			
(58) Ich habe nachgewiesene gesundheitliche Einschränkungen, die meine Leistungsfähigkeit bei der Arbeit beeinträchtigen.			**0,850**
(3) Mein gesundheitlicher Zustand macht mich im Arbeitsalltag unsicher.		0,484	**0,722**

(Fortsetzung)

Tab. 4.2 (Fortsetzung)

Dimension Allgemeine Insuffizienzgedanken, Veränderungsängste		
Extrahierte Faktoren	I	II
Itemnummer und Iteminhalt		
Subskala Allgemeine Insuffizienzgedanken		
(11) Ich fühle mich mit meiner Arbeit überfordert.	**0,575**	0,524
(12) Meine Arbeitsbedingungen bedeuten für mich negativen Stress.	**0,811**	
(18) Die Umstände, unter denen ich arbeite, machen mich unruhig.	**0,822**	
(17) Manchmal habe ich das Gefühl, dass mein Wissen für die Arbeit, die ich verrichte, nicht ausreicht.		**0,752**
(43) Ich mache viele Fehler bei der Arbeit oder bin zu langsam.		**0,693**
(59) Ich bin für neue Arbeiten nicht genügend qualifiziert.		**0,773**
(37) Manchmal habe ich die Vorstellung, meine gesundheitlichen Defizite führen dazu, dass ich meine Arbeit nicht zufriedenstellend ausführe.		**0,566**
(8) Die Befindlichkeitsstörungen, die ich am Arbeitsplatz erlebe, schränken meine Leistungsfähigkeit ein.	**0,721**	0,348
(60) Ich befürchte, die Kollegen könnten mich wegen meiner gesundheitlichen Einschränkungen nicht für voll nehmen.	0,333	**0,527**
Subskala Veränderungsängste		
(16) Ich weiß nicht, wie ich reagieren soll, wenn ich neue Aufgaben übernehmen soll.	0,338	**0,649**
(4) Ich leide darunter, dass man bei der Arbeit nie weiß, was als nächstes kommt.	**0,849**	
(13) Ich leide darunter, dass man bei der Arbeit nie sicher sein kann, dass nicht alles geändert wird.	**0,742**	
(45) Ich leide darunter, dass ich ständig im Unklaren gelassen werde, was auf mich zukommt.	**0,675**	0,302
(55) Ich befürchte, im Zusammenhang mit betrieblichen Veränderungen (z. B. neue Technologien, Maschinen, neue Vorgesetzte und Kollegen) nicht mehr Schritt halten zu können.		**0,787**

Dimension Arbeitsplatzbezogene Sorgen, Existenzangst		
Extrahierte Faktoren	I	II
Itemnummer und Iteminhalt		
Subskala Arbeitsplatzbezogene Sorgen		
(67) Ich mache mir ständig Sorgen um Dinge, die meine Arbeit betreffen.	**0,835**	0,315
(14) Kollegen oder Familienangehörige haben mir schon gesagt, dass ich mir bezüglich meiner Arbeit zu viele Sorgen mache.	**0,668**	

(Fortsetzung)

Tab. 4.2 (Fortsetzung)

(20) Auch in meiner Freizeit bin ich mit meinem Gedanken ständig bei der Arbeit.	**0,792**	
(57) Meine Gedanken um Arbeitsprobleme halten mich auch von anderen Erledigungen ab.	**0,766**	
(68) Ich leide darunter, dass ich die Sorgen um meine Arbeit nicht abstellen kann.	**0,851**	0,315
Subskala Existenzängste		
(61) Ich halte es für wahrscheinlich, dass man heutzutage leicht wegen Fehlzeiten entlassen werden kann.		**0,579**
(35) Ich glaube, dass – egal wie man sich anstrengt – der Arbeitsplatz ständig gefährdet ist.	0,470	**0,517**
(69) Arbeitslos zu sein, bedeutet für mich, mein ganzes Ansehen zu verlieren.		**0,727**
(70) Der Verlust meines Arbeitsplatzes ist/wäre eine starke Bedrohung meiner Existenz.		**0,664**
(53) Wenn man heute arbeitslos ist oder wird, findet man sowieso nie wieder einen Job!		**0,783**

Bei der Überprüfung der faktoriellen Struktur der Job-Angst-Skala bei Psychosomatik- und Orthopädiepatienten zeigte sich, dass arbeitsplatzbezogene Ängste bei beiden Teilstichproben in ähnlicher Struktur auftreten, wenngleich sie vom Intensitätsgrad bei den Psychosomatik-Patienten stärker ausgeprägt sind.

Interkorrelationen der 14 Subskalen der Job-Angst-Skala. (Tab. 4.3) zeigen für alle Zusammenhänge signifikante Ergebnisse, allerdings in unterschiedlicher Höhe. Auffällig ist eine Anhäufung vergleichsweise geringer Zusammenhänge bei den Subskalen „Existenzängste" und „Funktionsbezogene Ängste". „Funktionsbezogene Ängste" bspw. stehen in geringem Zusammenhang mit „Bedrohungs- und Beeinträchtigungsängsten" ($r = 0{,}361$), „Ausbeutungsgedanken" ($r = 0{,}373$) und „Existenzängsten" ($r = 0{,}373$). Ebenso finden sich bei „Existenzängsten" niedrige Zusammenhänge mit „hypochondrischen Tendenzen" ($r = 0{,}374$), den beiden „Globalitems" ($r = 0{,}355$) und „Bedrohungs- und Beeinträchtigungsängsten" ($r = 0{,}394$). Besonders hohe Zusammenhänge können verzeichnet werden zwischen den „Globalitems" und „Antizipatorischen Ängsten" ($r = 0{,}815$) sowie „Vermeidung" ($r = 0{,}809$). Außerdem bestehen enge Zusammenhänge bei „Panik und körperlichen Symptomen" mit „Antizipatorischen Ängsten" ($r = 0{,}882$) und mit „Allgemeinen Insuffizienzgedanken" ($r = 0{,}804$).

Die vorliegenden Ergebnisse zeigen, dass unterschiedliche Formen von Arbeitsängsten unterschiedlich stark ausgeprägt sind und somit voneinander unterschieden werden müssen. Wer beispielsweise in stärkerem Ausmaß Insuffizienzgedanken bezüglich der Arbeit erlebt, der kann, muss aber nicht gleichzeitig auch gleichermaßen unter hypochondrischen Ängsten bezüglich des Arbeitsplatzes leiden. Die unterschiedlichen Subskaleninterkorrelationen machen deutlich, welche der einzelnen Facetten arbeitsbezogener Ängste stärker oder weniger stark zusammenhängen. So stellen sich beispielsweise „Existenzängste" als eher kognitives Phänomen dar,

Tab. 4.3 Inter-Korrelationen der Subskalen (Pearson Korrelation)

	I Antiz	I Verm	I Kond	I Global	II Ausb	II Soz	II Mob	III Hypoch	III Sympt	III Funkt	IV Insuff	IV Veränd	V Sorg	V Exist
I Antizip		0,798**	0,703**	0,815**	0,514**	0,750**	0,601**	0,723**	0,882**	0,543**	0,777**	0,693**	0,746**	0,467**
I Verm			0,689**	0,809**	0,574**	0,767**	0,656**	0,654**	0,759**	0,471**	0,676**	0,582**	0,639**	0,401**
I Kond				0,666**	0,446**	0,685**	0,612**	0,501**	0,722**	0,400**	0,609**	0,542**	0,576**	0,418**
I Global					0,468**	0,720**	0,594**	0,672**	0,775**	0,471**	0,745**	0,556**	0,626**	0,355**
II Ausb						0,594**	0,620**	0,512**	0,551**	0,373**	0,501**	0,540**	0,594**	0,454**
II Soz							0,737**	0,563**	0,757**	0,465**	0,762**	0,719**	0,657**	0,499**
II Mob								0,496**	0,588**	0,361**	0,547**	0,551**	0,530**	0,394**
III Hypoch									0,765**	0,673**	0,714**	0,558**	0,584**	0,374**
III Sympt										0,578**	0,804**	0,708**	0,737**	0,475**
III Funkt											0,647**	0,457**	0,481**	0,373**
IV Insuff												0,764**	0,680**	0,477**
IV Veränd													0,669**	0,564**
V Sorg														0,600**
V Exist														

Anmerkungen zu Skalenabkürzungen:
I Antizip = Dimension I: Subskala antizipatorische Ängste; I Verm = Dimension I: Subskala Vermeidung; I Kond = Dimension I: Subskala Konditionierte Angst, I General = Dimension I: Subskala stimulusbezogene Angst (Globalitems)
II Ausb = Dimension II: Subskala Ausbeutungsängste; II Soz = Dimension II: Soziale Angst; II Mob = Dimension II: Bedrohungs- und Beeinträchtigungsängste
III Hypoch = Dimension III: Subskala hypochondrische Tendenzen; III Sympt = Dimension III: Subskala Panikerleben, körperliche Symptome, III Funkt = Dimension III: Subskala funktionsbezogene Ängste
IV Insuff = Dimension IV: Subskala allgemeines Insuffizienzerleben; IV Veränd = Dimension IV: Subskala Veränderungsängste
V Sorg = Dimension V: Subskala arbeitsplatzbezogene Sorgen; V Exist = Dimension V: Subskala Existenzangst

das wenig in Zusammenhang steht mit körperbezogenen Symptomen oder funktionellen Defizitbedenken, und auch in vergleichsweise geringem Maße mit sozialen Aspekten wie Beeinträchtigungsideen einhergeht. Existenzängste haben auch einen relativ geringen Zusammenhang zur generellen, umfassenden Arbeitsangst, da sie sich auf einen sehr speziellen Aspekt der Arbeit beschränken. „Soziale Ängste" und „Beeinträchtigungskognitionen" hängen dagegen mit einem hohen generellen Arbeitsplatzangsterleben zusammen, was sich auch ausdrückt in hohen Zusammenhängen mit verschiedenen anderen Facetten, z. B. mit Vermeidung, Antizipation, körperlicher Symptomatik und Insuffizienz. Dies erklärt sich dadurch, dass die meisten Arbeitsplätze genuin soziale Situationen darstellen.

4.2 Arbeitsplatzphobie-Skala

Objektivität
Die Objektivität der Durchführung und Auswertung ist dadurch gegeben, dass es sich um einen standardisierten Fragebogen handelt. Die Items werden den Probanden in immer gleicher Weise vorgelegt. Die Auswertung erfolgt mittels Mittelwertbildung über die Gesamtskala oder die Subskalen.

Reliabilität
Die Split-Half-Reliabilität der Arbeitsplatzphobie-Skala beträgt $r = 0{,}967$. Die interne Konsistenz (Cronbachs Alpha) beträgt 0,957. Die durchschnittliche Inter-Item-Korrelation der Skala beträgt 0,632. Fast alle Items (bis auf zwei: „krankschreiben" mit 0,628 und „körperliche Symptome" mit 0,681) weisen eine hohe Korrelation ($r > 0{,}700$) mit der Gesamtskala auf. Das Rating der Items erfolgt analog zum Rating der Job-Angst-Skala von 0 = „trifft gar nicht zu" bis 4 = „trifft voll zu". Zur Auswertung der Skala wird der Mittelwert der einzelnen Item-Ratings berechnet.

Validität
Die Inhaltsvalidität ist aufgrund der gezielten Itemauswahl gesichert: In der Arbeitsplatzphobie-Skala sind diejenigen Items enthalten, die die wesentlichen Leitsymptome einer arbeitsplatzphobischen Symptomatik abbilden: physiologisches Arousal, panikartige Angst beim Gedanken an oder bei Anwesenheit am Arbeitsplatz, und Vermeidungsimpulse und -verhalten auf den Arbeitsplatz als Ganzes bezogen (Muschalla & Linden, 2009).

Es stellt sich dann die Frage, ab welchem Ausmaß selbstberichteter arbeitsplatzphobischer Angst man eine Krankheitswertigkeit erwägen und weiter klinisch abklären sollte. In Untersuchungen bei Patienten in der psychosomatischen Rehabilitation hatten Patienten, die eine nach klinischem Urteil krankheitswertige arbeitsplatzphobische Symptomatik aufwiesen, in der Regel Mittelwerte größer als „2,5" in der Arbeitsplatzphobie-Skala (Muschalla & Linden, 2008, 2009): 54,7 % von 212 Patienten in der psychosomatischen Rehabilitation, die die Arbeitsplatzphobie-Skala ausfüllten, hatten einen Arbeitsplatzphobie-Skala-Mittelwert zwischen 0 und 1,5;

18,9 % zwischen 1,51 und 2,5; 16,5 % zwischen 2,51 und 3,5; und 9,9 % zwischen 3,51 und 4,0. 36 Patienten erfüllten in einem strukturierten Arbeits-Angst-Interview (Linden & Muschalla, 2007b) die Kriterien einer Arbeitsplatzphobie. Diese Patienten mit der Interviewdiagnose Arbeitsplatzphobie hatten einen signifikant höheren Arbeitsplatzphobie-Score ($M = 3{,}21$; $SD = 0{,}9$) als Patienten ohne Arbeitsplatzphobie ($M = 1{,}2$; $SD = 2{,}1$). 71 % der 21 Patienten mit starker Arbeitsplatzangst (Arbeitsplatzphobie-Skala-Mittelwert zwischen 3,51 und 4) hatten im Interview die Diagnose „Arbeitsplatzphobie" erhalten. Von den 36 Patienten mit Arbeitsplatzphobie-Diagnose hatten 41,7 % einen Arbeitsplatzphobie-Skala-Mittelwert zwischen 3,51 und 4; 36,1 % einen Mittelwert zwischen 2,51 und 3,5.

Aus den bisherigen Untersuchungen und klinischen Erfahrungen ergibt sich, dass ein Mittelwert größer als „2" als Schwellenwert definiert werden kann, ab dem eine arbeitsphobische Symptomatik auffällig wird. Bei Patienten, die in der klinischen Routine das Arbeitsplatzscreening ausfüllen, wäre ein solcher erhöhter Mittelwert ein Grund dafür, eine nähere Exploration hinsichtlich Arbeitsplatzproblemen und arbeitsplatzphobischer Symptomatik zu unternehmen.

Faktorielle Struktur

In einer explorativen Faktorenanalyse der Arbeitsplatzphobie-Skala (Tab. 4.4) ergab sich nach dem Eigenwertekriterium eine zweifaktorielle Lösung. Der erste Faktor enthält die Charakteristiken der „Arbeitsplatzphobie-Symptomatik". Dies sind die typischen Symptome einer Arbeitsplatzphobie mit stimulusbezogener Angst und physiologischer Anspannungsreaktion in dem Sinne, dass man „vor Arbeitstagen einen deutlich schlechteren Schlaf" erlebt, bei der Arbeit „ständig auf der Hut" ist, „Panikgefühle" beim Gedanken an einen kompletten Arbeitstag hat und befürchtet, man könnte „körperliche Symptome bekommen, wie z. B. Erröten, Zittern, Schwitzen, Herzrasen". Charakteristisch ist auch, dass die Angst bereits auftritt, wenn sich der Betroffene den Arbeitsplatz nur vorstellt und dabei „starke Befindlichkeitsstörungen oder Unbehagen […]" erlebt. Außerdem sind in der Arbeitsplatzphobie-Symptomatik Aspekte des spezifischen phobischen Vermeidungsverhaltens enthalten, wie der Drang, „auf dem Weg hin [zur] Arbeitsstelle … am liebsten umzudrehen", oder man hat sich sogar bereits „krankschreiben lassen".

Der zweite Faktor beinhaltet Items, die die „Vermeidung des Arbeitsplatzes als Ort" und sogar des erweiterten Umfelds beschreiben, nämlich dass man „lieber […] einen Umweg" als die Straße am Arbeitsplatz entlangläuft, oder dass man es meidet, sich „in die Nähe [der] Arbeitsstelle zu begeben". Die erweiterte Vermeidung mit Tendenz zur Generalisierung der Vermeidung über den Arbeitsplatz hinaus drückt sich darin aus, dass es den Betroffenen „Überwindung [kostet,] öffentliche Orte aufzusuchen" wie den Supermarkt, weil man dort Kollegen oder Vorgesetzte treffen könnte.

Unabhängig von der faktoriellen Differenzierung ist an den hohen Item-Skala- und Inter-Item-Korrelationen sowie der hohen internen Konsistenz zu erkennen, dass der Skala ein Generalfaktor zugrunde liegt. Dies bedeutet, dass sich die einzelnen inhaltlichen Aspekte der Items in einem gemeinsamen Konzept „Arbeitsplatzphobie" erklären lassen.

Tab. 4.4 Faktorenstruktur der Arbeitsplatzphobieskala (Hauptkomponentenanalyse mit Varimaxrotation) und Trennschärfen der Items

Die Faktorenanalyse wurde über eine Stichprobe von Psychosomatikpatienten ($N = 212$) ermittelt. Hauptladungen (**fett**) und Nebenladungen wurden aufgeführt. Anzahl der extrahierten Faktoren mittels Eigenwertkriterium. Die Items entsprechen den Items der ursprünglichen JAS-Subskalen Antizipatorische Ängste, Vermeidung, Globalitems und sind in der Tabelle entsprechend gruppiert. Die Varianzaufklärung durch den ersten Faktor beträgt 66,4 %, mit dem zweiten Faktor kumuliert 74,8 %.

Iteminhalt im Wortlaut	Faktor 1 „Arbeitsplatz-phobie-Symptomatik“	Faktor 2 „Vermeidung des Arbeitsplatzes als Ort“	Korrigierte Item-Skala-Korrelation *r*
Globalitems:			
Ich erlebe starke Befindlichkeitsstörungen oder Unbehagen, wenn ich an meinem Arbeitsplatz *bin*.	**0,809**	0,400	0,859
Ich erlebe starke Befindlichkeitsstörungen oder Unbehagen, wenn ich an meinen Arbeitsplatz *denke*.	**0,805**	0,430	0,878
Antizipatorische Ängste:			
Wenn ich an meinen Arbeitsplatz denke, merke ich, wie sich alles in mir anspannt.	**0,776**	0,339	0,787
Bei der Vorstellung, an diesem Arbeitsplatz einen kompletten Arbeitstag durchstehen zu müssen, bekomme ich Panikgefühle.	**0,742**	0,464	0,843
In bestimmten Situationen am Arbeitsplatz befürchte ich, ich könnte körperliche Symptome bekommen, wie z. B. Erröten, Zittern, Schwitzen, Herzrasen.	**0,642**	0,353	0,681
Im Allgemeinen habe ich vor Arbeitstagen einen deutlich schlechteren Schlaf als vor Nicht-Arbeitstagen.	**0,823**	0,260	0,778
Während ich arbeite, bin ich ständig auf der Hut, was als nächstes passieren könnte.	**0,799**	−0,054	0,761
Vermeidung:			
Lieber laufe ich einen Umweg, als dass ich die Straße entlanggehe, in der sich meine Arbeitsstelle befindet.	0,360	**0,851**	0,761
Es kostet mich Überwindung, öffentliche Orte (z. B. örtlicher Supermarkt) aufzusuchen, an denen ich Arbeitskollegen oder Vorgesetzte treffen könnte.	0,328	**0,873**	0,749
Wenn irgend möglich, meide ich es, mich in die Nähe meiner Arbeitsstelle zu begeben.	0,301	**0,900**	0,740
Ich musste mich ein oder mehrere Male krankschreiben lassen, weil ich die Probleme an meinem Arbeitsplatz nicht länger hätte ertragen können.	**0,759**	0,114	0,628
Auf dem Weg hin zu meiner Arbeitsstelle würde ich am liebsten umdrehen.	**0,785**	0,439	0,761
Nach der Arbeit beeile ich mich mehr als andere, bloß schnell von allem dort wegzukommen.	**0,640**	0,493	0,772

Literatur

Linden, M., & Muschalla, B. (2007). Anxiety disorders and workplace-related anxieties. *Journal of Anxiety Disorders, 21*(3), 467–474.

Linden, M., Muschalla, B., & Olbrich, D. (2008). Die Job-Angst-Skala (JAS). Ein Fragebogen zur Erfassung arbeitsplatzbezogener Ängste. *Zeitschrift für Arbeits- und Organisationspsychologie, 52,* 126–134.

Muschalla, B., & Linden, M. (2008). Die Arbeitsplatzphobieskala. Ein Screening-Instrument für die medizinische Rehabilitation. *Ärztliche Psychotherapie, 3,* 258–262.

Muschalla, B., & Linden, M. (2009). Workplace Phobia – A first explorative study on its relation to established anxiety disorders, sick leave, and work-directed treatment. *Psychology, Health & Medicine, 14*, 591–605.

Referenzstichproben

5

Zusammenfassung

Die Job-Angst-Skala und die Arbeitsplatzphobie-Skala wurden jeweils in unterschiedlichen klinischen und nicht-klinischen Stichproben eingesetzt. Die deskriptiven Daten (Mittelwerte, Standardabweichungen) verschiedener demografischer Gruppen können für Vergleichszwecke genutzt werden.

5.1 Job-Angst-Skala

Über die oben beschriebene Evaluation der Skalen bei der Instrumentenentwicklung hinaus ist die Job-Angst-Skala in weiteren klinischen (Linden et al., 2009) und zwei nicht-klinischen Stichproben (Muschalla, Heldmann, & Fay, 2013; Vignoli, Muschalla, & Mariani, 2017) von Berufstätigen eingesetzt worden. Tab. 5.1 berichtet die deskriptiven Basisdaten, d. h. die Mittelwerte und Standardabweichungen der Job-Angst-Skala-Dimensionen sowie der Arbeitsplatzphobie-Skala in diesen verschiedenen Stichproben.

Diese Daten können für Vergleichszwecke im Rahmen von Populationserhebungen in der Forschung nützlich sein, oder auch zur Einordnung individueller Skalenwerte von Probanden im Vergleich zu Referenzgruppen mit ähnlichen Merkmalen (Patienten, Berufstätige).

B. Muschalla, M. Linden, *JAS – Jobangst- und Arbeitsplatzphobie-Skala*, Manuale zu Testverfahren und Fragebögen, https://doi.org/10.1007/978-3-662-70652-7_5

Tab. 5.1 Mittelwerte (Standardabweichungen) der Dimensionen der Job-Angst-Skala in verschiedenen Populationen

	Psychosomatik n = 230 (Linden et al., 2009)	Orthopädie n = 100 (Muschalla et al., 2008, 2010)	Kardiologie n = 209 (Linden et al., 2009)	Berufstätige n = 319 (Muschalla et al., 2013)	Berufstätige OHNE psychisch Erkrankte n = 293 (Muschalla et al., 2013)
Alter	46,88 (9,08)	49,60 (8,91)	52,15 (7,43)	36,76 (11,0)	36,17 (11,0)
Anteil Frauen	71,3 %	67,0 %	37,8 %	63,9 %	62,1 %
Job-Angst-Dimension (JAS)					
Gesamt-Mittelwert JAS	1,63 (1,02)	0,99 (0,68)	0,84 (0,67)	0,83 (0,70)	0,71 (0,57)
Stimulusbezogene Ängste und Vermeidung	1,55 (1,21)	0,72 (0,70)	0,60 (0,72)	0,65 (0,76)	0,53 (0,64)
Soziale Ängste und Bedrohungserleben	1,25 (0,98)	0,75 (0,60)	0,64 (0,63)	0,80 (0,72)	0,69 (0,58)
Gesundheits- und körperbezogene Ängste	1,99 (1,24)	1,41 (1,00)	1,09 (0,93)	0,76 (0,75)	0,64 (0,64)
Insuffizienzängste	1,63 (1,11)	0,98 (0,80)	0,83 (0,73)	0,79 (0,74)	0,68 (0,63)
Sorgen	2,10 (1,02)	1,51 (0,90)	1,05 (0,96)	1,30 (0,86)	1,18 (0,73)

5.2 Arbeitsplatzphobie-Skala

Die Arbeitsplatzphobie-Skala ist darüber hinaus im Rahmen einer Repräsentativuntersuchung 2019 bei Menschen im berufstätigen Alter (18–67 Jahre) eingesetzt worden (Muschalla, Grove, & Morawietz, 2020). Tab. 5.2, 5.3, 5.4, 5.5, 5.6, 5.7, 5.8, 5.9 und 5.10 berichten die Daten der Arbeitsplatzphobie-Skala aufgegliedert nach soziodemografischen Merkmalen.

2531 Personen aus der Allgemeinbevölkerung in Deutschland wurden im Jahr 2019 befragt (Rep28, USUMA, 2019). Die Datenerhebung wurde durch die USUMA GmbH durchgeführt. Die Stichprobe charakterisiert sich wie folgt (Tab. 5.11):

55 Personen (2,2 % der Erwerbsaltrigen bis 67 Jahre) berichteten ausgeprägte Arbeitsangst (Mittelwert >2,5 bei Skala 0–4) auf der Arbeitsplatzphobie-Skala. Diese Zahl entspricht von der Größenordnung her Befunden aus anderen nichtklinischen Stichproben, die Raten bis zu 5 % von Beschäftigten mit hoher Arbeitsangst berichten (Muschalla et al., 2013; Vignoli et al., 2017).

Frauen und Männer berichten Arbeitsängste in gleichem Maße und im Durchschnitt auf niedrigem Niveau. Auch gibt es keine Unterschiede zwischen den verschiedenen Altersgruppen, oder verschiedenen Familienstands-Gruppen oder Partnerschaftsstatus.

Auch zwischen Menschen in Ost- und Westdeutschland gibt es keine Unterschiede im Ausmaß der Arbeitsangst.

Tab. 5.2 Arbeitsangst in der Allgemeinbevölkerung. Männer und Frauen im Vergleich

Geschlecht Arbeitsplatzphobie-Skala	Männlich	Weiblich	Gesamt	T-Test
	$n = 1163$	$n = 1326$	$N = 2489$	p
Gesamtscore (Mittelwert)	1,35 (0,68)	1,38 (0,67)	1,37 (0,67)	0,266
1. Wenn ich an meinen Arbeitsplatz denke, merke ich, wie sich alles in mir anspannt.	1,56 (0,95)	1,62 (1,00)	1,59 (0,98)	0,081
2. Bei der Vorstellung, an diesem Arbeitsplatz einen kompletten Arbeitstag durchstehen zu müssen, bekomme ich Panikgefühle.	1,34 (0,78)	1,4 (0,82)	1,37 (0,80)	0,068
3. In bestimmten Situationen am Arbeitsplatz befürchte ich, ich könnte körperliche Symptome bekommen, wie. z. B. Erröten, Zittern, Schwitzen, Herzrasen. .	1,36 (0,81)	1,43 (0,85)	1,4 (0,83)	0,024
4. Lieber laufe ich einen Umweg, als dass ich die Straße entlanggehe, in der sich meine Arbeitsstelle befindet.	1,25 (0,72)	1,25 (0,68)	1,25 (0,70)	0,842
5. Im Allgemeinen habe ich vor Arbeitstagen einen deutlich schlechteren Schlaf als vor Nicht-Arbeitstagen.	1,45 (0,90)	1,49 (0,93)	1,47 (0,91)	0,331
6. Es kostet mich Überwindung, öffentliche Orte (z. B. örtlicher Supermarkt) aufzusuchen, an denen ich Arbeitskollegen oder Vorgesetzte treffen könnte.	1,27 (0,72)	1,27 (0,70)	1,27 (0,71)	0,926
7. Wenn irgend möglich, meide ich es, mich in die Nähe meiner Arbeitsstelle zu begeben.	1,27 (0,71)	1,29 (0,73)	1,28 (0,72)	0,490
8. Ich musste mich ein oder mehrere Male krankschreiben lassen, weil ich die Probleme an meinem Arbeitsplatz nicht länger hätte ertragen können.	1,31 (0,81)	1,33 (0,84)	1,32 (0,82)	0,535
9. Auf dem Weg hin zu meiner Arbeitsstelle würde ich am liebsten umdrehen.	1,30 (0,76)	1,34 (0,80)	1,32 (0,79)	0,195
10. Nach der Arbeit beeile ich mich mehr als andere, bloß schnell von allem dort wegzukommen.	1,40 (0,88)	1,44 (0,89)	1,42 (0,89)	0,308
11. Während ich arbeite, bin ich ständig auf der Hut, was als nächstes passieren könnte.	1,45 (0,89)	1,44 (0,86)	1,45 (0,88)	0,878
12. Ich erlebe starke Befindlichkeitsstörungen oder Unbehagen, wenn ich an meinem Arbeitsplatz bin.	1,31 (0,75)	1,33 (0,77)	1,32 (0,76)	0,596
13. Ich erlebe starke Befindlichkeitsstörungen oder Unbehagen, wenn ich an meinen Arbeitsplatz denke.	1,33 (0,78)	1,36 (0,80)	1,35 (0,79)	0,418

Zwischen verschiedenen Bildungsabschlussgruppen gab es ebenfalls keine Unterschiede in der Arbeitsangstausprägung. Jedoch geben Arbeitslose signifikant höheres Arbeitsangsterleben an als Erwerbstätige. Die Wahrscheinlichkeit für arbeitsplatzphobische Ängste scheint bei Menschen mit höherem Einkommen deutlich niedriger zu sein.

Je länger jemand arbeitsunfähig gewesen ist, desto ausgeprägter die Arbeitsangst. Von 55 Personen mit besonders hohen Werten auf der Arbeitsangstskala (2,2 % der Gesamtstichprobe) geben 31 Arbeitsunfähigkeit/en in den letzten 12 Monaten an, im Durchschnitt mit Gesamtdauer von 12,1 (SD = 14,4) Wochen.

Tab. 5.3 Arbeitsangst in der Allgemeinbevölkerung. Altersgruppen im Vergleich

Alter	1 14–18 J.	2 19–35 J.	3 36–50 J.	4 51–65 J.	5 66–75 J.	6 >75 J.	Sig. der Gruppenunterschiede: ANOVA Overall Gruppenunterschiede und paarweise Vergleiche mit Post-Hoc-Tests
Arbeitsplatzphobie-Skala							
	$n = 88$	$n = 574$	$n = 627$	$n = 705$	$n = 329$	$n = 166$	p
Gesamtscore (Mittelwert)	1,37 (0,62)	1,34 (0,59)	1,39 (0,69)	1,39 (0,71)	1,34 (0,70)	1,31 (0,69)	ANOVA: 0,486
1. Wenn ich an meinen Arbeitsplatz denke, merke ich, wie sich alles in mir anspannt.	1,53 (0,83)	1,59 (0,98)	1,62 (0,99)	1,64 (1,02)	1,47 (0,90)	1,52 (0,95)	ANOVA: 0,110
2. Bei der Vorstellung, an diesem Arbeitsplatz einen kompletten Arbeitstag durchstehen zu müssen, bekomme ich Panikgefühle.	1,42 (0,71)	1,34 (0,75)	1,38 (0,81)	1,38 (0,82)	1,37 (0,85)	1,38 (0,81)	ANOVA: 0,940
3. In bestimmten Situationen am Arbeitsplatz befürchte ich, ich könnte körperliche Symptome bekommen, wie. z. B. Erröten, Zittern, Schwitzen, Herzrasen. .	1,5 (0,87)	1,37 (0,78)	1,43 (0,86)	1,41 (0,86)	1,35 (0,81)	1,32 (0,79)	ANOVA: 0,363
4. Lieber laufe ich einen Umweg, als dass ich die Straße entlanggehe, in der sich meine Arbeitsstelle befindet.	1,20 (0,63)	1,19 (0,56)	1,28 (0,75)	1,28 (0,74)	1,24 (0,70)	1,25 (0,74)	ANOVA: 0,155
5. Im Allgemeinen habe ich vor Arbeitstagen einen deutlich schlechteren Schlaf als vor Nicht-Arbeitstagen.	1,72 (1,13)	1,45 (0,89)	1,52 (0,95)	1,48 (0,91)	1,37 (0,85)	1,37 (0,84)	ANOVA: 0,009 1 vs. 5: 0,021

6. Es kostet mich Überwindung, öffentliche Orte (z. B. örtlicher Supermarkt) aufzusuchen, an denen ich Arbeitskollegen oder Vorgesetzte treffen könnte.	1,22 (0,66)	1,24 (0,64)	1,3 (0,74)	1,29 (0,74)	1,28 (0,76)	1,23 (0,66)	ANOVA: 0,596
7. Wenn irgend möglich, meide ich es, mich in die Nähe meiner Arbeitsstelle zu begeben.	1,22 (0,62)	1,24 (0,60)	1,29 (0,73)	1,32 (0,79)	1,29 (0,77)	1,29 (0,74)	ANOVA: 0,368
8. Ich musste mich ein oder mehrere Male krankschreiben lassen, weil ich die Probleme an meinem Arbeitsplatz nicht länger hätte ertragen können.	1,22 (0,67)	1,27 (0,70)	1,34 (0,86)	1,37 (0,89)	1,32 (0,85)	1,29 (0,80)	ANOVA: 0,196
9. Auf dem Weg hin zu meiner Arbeitsstelle würde ich am liebsten umdrehen.	1,33 (0,74)	1,31 (0,72)	1,34 (0,82)	1,34 (0,82)	1,31 (0,82)	1,22 (0,69)	ANOVA: 0,565
10. Nach der Arbeit beeile ich mich mehr als andere, bloß schnell von allem dort wegzukommen.	1,53 (0,90)	1,42 (0,87)	1,44 (0,91)	1,45 (0,92)	1,37 (0,83)	1,3 (0,77)	ANOVA: 0,261
11. Während ich arbeite, bin ich ständig auf der Hut, was als nächstes passieren könnte.	1,32 (0,70)	1,48 (0,92)	1,48 (0,88)	1,44 (0,87)	1,43 (0,86)	1,32 (0,78)	ANOVA: 0,201
12. Ich erlebe starke Befindlichkeitsstörungen oder Unbehagen, wenn ich an meinem Arbeitsplatz bin.	1,25 (0,65)	1,29 (0,71)	1,34 (0,77)	1,35 (0,80)	1,29 (0,76)	1,29 (0,74)	ANOVA: 0,554
13. Ich erlebe starke Befindlichkeitsstörungen oder Unbehagen, wenn ich an meinen Arbeitsplatz denke.	1,29 (0,68)	1,29 (0,70)	1,37 (0,81)	1,39 (0,84)	1,33 (0,81)	1,37 (0,84)	ANOVA: 0,276

Tab. 5.4 Arbeitsangst in der Allgemeinbevölkerung. Religion im Vergleich

Religion	1 Evangelisch	2 Katholisch	3 Muslimisch	4 Andere	5 Keine Konfession	Sig. der Gruppenunterschiede: ANOVA Overall Gruppenunterschiede und paarweise Vergleiche mit Post-Hoc-Tests
Arbeitsplatzphobie-Skala						
	n = 902	*n* = 727	*n* = 52	*n* = 80	*n* = 645	*p (Sig. 0,05)*
Gesamtscore (Mittelwert)	10,36 (00,64)	10,37 (00,64)	10,53 (00,81)	10,66 (00,80)	10,35 (00,73)	ANOVA: 0,001 1 vs. 4: 0,001; 2 vs. 4: 0,003, 4 vs. 5: 0,001
1. Wenn ich an meinen Arbeitsplatz denke, merke ich, wie sich alles in mir anspannt	1,58 (0,95)	1,57 (0,94)	1,71 (0,96)	2,0(1,15)	1,57 (1,01)	ANOVA: 0,003 1 vs. 4: 0,002, 2 vs. 4: 0,001, 4 vs. 5: 0,002
2. Bei der Vorstellung, an diesem Arbeitsplatz einen kompletten Arbeitstag durchstehen zu müssen, bekomme ich Panikgefühle.	1,37 (0,79)	1,36 (0,78)	1,5 (0,87)	1,61 (0,89)	1,34 (0,81)	ANOVA: 0,051 4 vs. 5: 0,046
3. In bestimmten Situationen am Arbeitsplatz befürchte ich, ich könnte körperliche Symptome bekommen, wie. z. B. Erröten, Zittern, Schwitzen, Herzrasen. .	1,39 (0,79)	1,43 (0,84)	1,46 (0,94)	1,63 (0,89)	1,35 (0,86)	ANOVA: 0,051 Keine signifikanten Post-Hoc-Tests
4. Lieber laufe ich einen Umweg, als dass ich die Straße entlanggehe, in der sich meine Arbeitsstelle befindet.	1,25 (0,68)	1,26 (0,68)	1,42 (0,82)	1,49 (0,86)	1,22 (0,70)	ANOVA: 0,007 1 vs. 4: 0,035; 4 vs. 5: 0,010
5. Im Allgemeinen habe ich vor Arbeitstagen einen deutlich schlechteren Schlaf als vor Nicht-Arbeitstagen.	1,47 (0,91)	1,41 (0,80)	1,64 (1,09)	1,88 (1,02)	1,5 (1,08)	ANOVA: 0,000 1 vs. 4: 0,001; 2 vs. 4: 0,000; 4 vs. 5: 0,005

6. Es kostet mich Überwindung, öffentliche Orte (z. B. örtlicher Supermarkt) aufzusuchen, an denen ich Arbeitskollegen oder Vorgesetzte treffen könnte.	1,26 (0,67)	1,29 (0,71)	1,35 (0,81)	1,55 (0,84)	1,24 (0,76)	ANOVA: 0,005 1 vs. 4: 0,006; 2 vs. 4: 0,023; 4 vs. 5: 0,002
7. Wenn irgend möglich, meide ich es, mich in die Nähe meiner Arbeitsstelle zu begeben.	1,27 (0,68)	1,31 (0,71)	1,4 (0,87)	1,58 (0,87)	1,24 (0,76)	ANOVA: 0,001 1 vs. 4: 0,003; 2 vs. 4: 0,02; 4 vs. 5: 0,001
8. Ich musste mich ein oder mehrere Male krankschreiben lassen, weil ich die Probleme an meinem Arbeitsplatz nicht länger hätte ertragen können.	1,32 (0,82)	1,35 (0,82)	1,44 (1,05)	1,55 (0,90)	1,29 (0,85)	ANOVA: 0,066 Keine signifikanten Post-hoc-Tests
9. Auf dem Weg hin zu meiner Arbeitsstelle würde ich am liebsten umdrehen.	1,31 (0,78)	1,32 (0,73)	1,5 (1,00)	1,58 (0,88)	1,3 (0,84)	ANOVA: 0,022 1 vs. 4: 0,046; 4 vs. 5: 0,033
10. Nach der Arbeit beeile ich mich mehr als andere, bloß schnell von allem dort wegzukommen.	1,42 (0,86)	1,41 (0,84)	1,63 (1,16)	1,7 (1,03)	1,4 (0,94)	ANOVA: 0,031
11. Während ich arbeite, bin ich ständig auf der Hut, was als nächstes passieren könnte.	1,42 (0,83)	1,43 (0,81)	1,88 (1,31)	1,75 (0,94)	1,42 (0,93)	ANOVA: 0,000 1 vs. 3: 0,002; 1 vs. 4: 0,016; 2 vs. 3: 0,003; 2 vs. 4: 0,021; 3 vs. 5: 0,002; 4 vs. 5: 0,016
12. Ich erlebe starke Befindlichkeitsstörungen oder Unbehagen, wenn ich an meinem Arbeitsplatz bin.	1,29 (0,71)	1,34 (0,75)	1,5 (0,98)	1,68 (0,97)	1,3 (0,80)	ANOVA: 0,000 1 vs. 4: 0,000, 2 vs. 4: 0,002, 4 vs. 5: 0,000
13. Ich erlebe starke Befindlichkeitsstörungen oder Unbehagen, wenn ich an meinen Arbeitsplatz denke.	1,3 (0,73)	1,35 (0,75)	1,40 (0,91)	1,65 (0,91)	1,37 (0,89)	ANOVA: 0,004 1 vs. 4: 0,002; 2 vs. 4: 0,018, 4 vs. 5: 0,049

Tab. 5.5 Arbeitsangst in der Allgemeinbevölkerung. Bildungsabschlüsse im Vergleich

Bildungsabschluss	1 Ohne Schul-abschluss	2 Haupt-/Volks-schulabschluss	3 Mittlere Reife/Realschul-abschluss	4 Abschluss der POS	5 Fachschul-abschluss (ohne Anerkennung)	6 Allgemeine/ Fachhoch-schulreife	7 Abgeschlos-senes Studium	8 Anderer Schul-abschluss	9 Schüler(in) einer allgemein-bildenden Schule	Sig. der Gruppenunterschiede: ANOVA Overall Gruppenunterschiede und paarweise Vergleiche mit Post-Hoc-Tests
Arbeitsplatzphobie-Skala										
	n = 60	*n* = 679	*n* = 782	*n* = 217	*n* = 116	*n* = 321	*n* = 249	*n* = 5	*n* = 55	*p (Sig. 0,05)*
Gesamtscore (Mittelwert)	1,59 (0,97)	1,37 (0,71)	1,37 (0,65)	1,38 (0,75)	1,51 (0,78)	1,33 (0,60)	1,32 (0,57)	1,43 (0,58)	1,25 (0,39)	ANOVA: 0,042
1. Wenn ich an meinen Arbeitsplatz denke, merke ich, wie sich alles in mir anspannt	1,78 (1,29)	1,57 (0,96)	1,59 (0,97)	1,59 (1,02)	1,74 (1,07)	1,58 (0,93)	1,6 (0,99)	1,6 (0,55)	1,35 (0,62)	ANOVA: 0,344
2. Bei der Vorstellung, an diesem Arbeitsplatz einen kompletten Arbeitstag durchstehen zu müssen, bekomme ich Panikgefühle.	1,55 (1,14)	1,38 (0,85)	1,39 (0,79)	1,35 (0,83)	1,43 (0,88)	1,33 (0,71)	1,29 (0,66)	1,2 (0,45)	1,35 (0,55)	ANOVA: 0,443
3. In bestimmten Situationen am Arbeitsplatz befürchte ich, ich könnte körperliche Symptome bekommen, wie. z. B. Erröten, Zittern, Schwitzen, Herzrasen. .	1,57 (1,09)	1,39 (0,86)	1,39 (0,79)	1,35 (0,77)	1,57 (1,01)	1,36 (0,80)	1,41 (0,82)	1,8 (1,79)	1,33 (0,70)	ANOVA: 0,221
4. Lieber laufe ich einen Umweg, als dass ich die Straße entlanggehe, in der sich meine Arbeitsstelle befindet.	1,43 (0,90)	1,28 (0,74)	1,24 (0,67)	1,29 (0,68)	1,45 (1,00)	1,21 (0,63)	1,16 (0,55)	1,0 (0,00)	1,09 (0,35)	ANOVA: 0,002 5 vs. 7: 0,008
5. Im Allgemeinen habe ich vor Arbeitstagen einen deutlich schlechteren Schlaf als vor Nicht-Arbeitstagen.	1,58 (1,09)	1,43 (0,89)	1,47 (0,91)	1,45 (0,91)	1,66 (1,06)	1,45 (0,87)	1,45 (0,87)	1,4 (0,55)	1,73 (1,16)	ANOVA: 0,159
6. Es kostet mich Überwindung, öffentliche Orte (z. B. örtlicher Supermarkt) aufzusuchen, an denen ich Arbeitskollegen oder Vorgesetzte treffen könnte.	1,52 (1,11)	1,27 (0,70)	1,28 (0,70)	1,31 (0,76)	1,4 (0,91)	1,22 (0,64)	1,22 (0,63)	1,4 (0,89)	1,09 (0,35)	ANOVA: 0,021 Keine signifikanten Post-hoc-Tests

7. Wenn irgend möglich, meide ich es, mich in die Nähe meiner Arbeitsstelle zu begeben.	1,47 (1,03)	1,3 (0,74)	1,28 (0,70)	1,31 (0,78)	1,41 (0,91)	1,24 (0,67)	1,22 (0,59)	1,2 (0,45)	1,11 (0,37)	ANOVA: 0,074
8. Ich musste mich ein oder mehrere Male krankschreiben lassen, weil ich die Probleme an meinem Arbeitsplatz nicht länger hätte ertragen können.	1,58 (1,18)	1,33 (0,84)	1,32 (0,81)	1,39 (0,95)	1,41 (0,90)	1,25 (0,69)	1,27 (0,77)	1,8 (1,79)	1,09 (0,35)	ANOVA: 0,020 1 vs. 9: 0,049
9. Auf dem Weg hin zu meiner Arbeitsstelle würde ich am liebsten umdrehen.	1,57 (1,14)	1,35 (0,83)	1,33 (0,79)	1,34 (0,83)	1,39 (0,85)	1,28 (0,70)	1,18 (0,54)	1,00 (0,00)	1,2 (0,49)	ANOVA: 0,015 1 vs. 7: 0,022
10. Nach der Arbeit beeile ich mich mehr als andere, bloß schnell von allem dort wegzukommen.	1,75 (1,31)	1,44 (0,92)	1,4 (0,84)	1,45 (0,94)	1,55 (0,94)	1,39 (0,87)	1,34 (0,78)	1,4 (0,55)	1,42 (0,85)	ANOVA: 0,066 1 vs. 7: 0,044
11. Während ich arbeite, bin ich ständig auf der Hut, was als nächstes passieren könnte.	1,78 (1,19)	1,43 (0,87)	1,43 (0,86)	1,47 (0,93)	1,62 (1,04)	1,41 (0,81)	1,43 (0,82)	1,8 (0,84)	1,2 (0,52)	ANOVA: 0,011 1 vs. 9: 0,013
12. Ich erlebe starke Befindlichkeitsstörungen oder Unbehagen, wenn ich an meinem Arbeitsplatz bin.	1,53 (1,02)	1,33 (0,80)	1,32 (0,73)	1,33 (0,84)	1,47 (0,89)	1,24 (0,65)	1,29 (0,70)	1,8 (0,84)	1,11 (0,31)	ANOVA: 0,015 Keine signifikanten Posthoc-Tests
13. Ich erlebe starke Befindlichkeitsstörungen oder Unbehagen, wenn ich an meinen Arbeitsplatz denke.	1,51 (1,01)	1,37 (0,86)	1,32 (0,72)	1,35 (0,85)	1,59 (1,01)	1,30 (0,72)	1,31 (0,73)	1,2 (0,45)	1,2 (0,49)	ANOVA: 0,017 3 vs. 5: 0,026 6 vs. 5: 0,030

Tab. 5.6 Arbeitsangst in der Allgemeinbevölkerung. Erwerbssituation im Vergleich

Erwerbssituation	1 Vollzeit Erwerbstätig	2 Teilzeit Erwerbstätig (5-34 h)	3 Teilzeit- oder stundenweise erwerbstätig (<15h)	4 BFD/ Mutterschafts-/ Erziehungsurlaub	5 Zur Zeit arbeitslos	6 Rentner(in), Pensionär(in)	7 Nicht berufstätig	8 In Berufs-ausbildung	9 In Schul-ausbildung	Sig. der Gruppenunterschiede: ANOVA Overall Gruppenunterschiede und paarweise Vergleiche mit Post-Hoc-Tests
Arbeitsplatzphobie-Skala										
	n = 1140	*n* = 287	*n* = 73	*n* = 18	*n* = 104	*n* = 612	*n* = 63	*n* = 44	*n* = 145	*p (Sig. 0,05)*
Gesamtscore	1,30 (0,55)	1,34 (0,57)	1,60 (0,81)	1,28 (0,40)	2,09 (1,19)	1,36 (0,71)	1,60 (0,94)	1,49 (,681)	1,31 (,536)	ANOVA: 0,000 1 vs. 3: 0,000; 1 vs. 5: 0,000; 1 vs 7: 0,010 2 vs. 5: 0,000 3 vs. 5: 0,000 4 vs. 5: 0,000, 5 vs. 6,7,8,9: 0,000
1. Wenn ich an meinen Arbeitsplatz denke, merke ich, wie sich alles in mir anspannt	1,50 (0,88)	1,60 (0,93)	2,04 (1,15)	1,83 (1,10)	2,51 (1,45)	1,52 (0,93)	1,74 (1,17)	1,84 (1,05)	1,50 (0,90)	ANOVA: 0,000 1 vs. 3,5: 0,000; 2 vs. 3: 0,016; 2 vs. 5: 0,000; 3 vs. 1,6: 0,000, 3 vs. 5: 0,046; 3 vs. 9: 0,003; 5 vs. 6,7,9,1,2: 0,000; 5 vs. 8: 0,003; 6 vs. 3: 0,000
2. Bei der Vorstellung, an diesem Arbeitsplatz einen kompletten Arbeitstag durchstehen zu müssen, bekomme ich Panikgefühle.	1,26 (0,63)	1,31 (0,69)	1,73 (1,00)	1,50 (0,71)	2,15 (1,38)	1,39 (0,84)	1,69 (1,18)	1,45 (0,85)	1,37 (0,71)	ANOVA: 000 1 vs. 3,5: 0,000; 1 vs. 6: 0,041; 1 vs. 7: 0,001; 2 vs. 3: 0,002; 2 vs. 5: 0,000; 2 vs. 7: 0,017; 3 vs. 1: 0,000; 3 vs. 2: 0,002; 3 vs. 5: 0,011; 3 vs. 6: 0,014; 3 vs. 9: 0,044; 4 vs. 5: 0,035; 5 vs. 1,2,6,8,9: 0,000; 5 vs. 3: 0,011; 5 vs. 4: 0,035; 5 vs. 7: 0,008
3. In bestimmten Situationen am Arbeitsplatz befürchte ich, ich könnte körperliche Symptome bekommen, wie. z. B. Erröten, Zittern, Schwitzen, Herzrasen. .	1,32 (0,69)	1,40 (0,78)	1,55 (1,04)	1,39 (0,78)	2,07 (1,04)	1,37 (0,78)	1,68 (1,17)	1,43 (0,76)	1,41 (0,81)	ANOVA: 0,000 1 vs. 5: 0,000; 1 vs. 7: 0,029; 2 vs. 5: 0,000; 3 vs. 5: 0,001; 4 vs. 5: 0,041; 5 vs. 6,9: 0,000 5 vs. 8: 0,001
4. Lieber laufe ich einen Umweg, als dass ich die Straße entlanggehe, in der sich meine Arbeitsstelle befindet.	1,19 (0,59)	1,22 (0,61)	1,36 (0,76)	1,22 (0,55)	1,79 (1,20)	1,27 (0,77)	1,34 (0,83)	1,36 (0,75)	1,44 (0,49)	ANOVA: 0,000 1 vs. 5: 0,000; 2 vs. 5: 0,000; 3 vs. 5: 0,001; 4 vs. 5: 0,044; 5 vs. 6,9: 0,000; 5 vs. 7: 0,002; 5 vs. 8: 0,021;
5. Im Allgemeinen habe ich vor Arbeitstagen einen deutlich schlechteren Schlaf als vor Nicht-Arbeitstagen.	1,40 (0,83)	1,42 (0,77)	1,75 (1,12)	1,22 (0,73)	2,13 (1,36)	1,39 (0,86)	1,79 (1,23)	1,70 (1,12)	1,57 (0,96)	ANOVA: 0,000 1 vs. 3: 0,044; 1 vs. 5: 0,000; 1 vs. 7: 0,028; 2 vs. 5: 0,000; 3 vs. 6: 0,041; 4 vs. 5: 0,003; 5 vs. 6,9: 0,000; 6 vs. 7: 0,026

6. Es kostet mich Überwindung, öffentliche Orte (z. B. örtlicher Supermarkt) aufzusuchen, an denen ich Arbeitskollegen oder Vorgesetzte treffen könnte.	1,22 (0,61)	1,24 (0,62)	1,38 (0,78)	1,22 (0,43)	1,84 (1,25)	1,28 (0,76)	1,43 (0,93)	1,30 (0,63)	1,18 (0,59)	ANOVA: 0,000 1 vs. 5: 0,000; 2 vs. 5: 0,000; 3 vs. 5: 0,001; 4 vs. 5: 0,022; 5 vs. 6,9: 0,000; 5 vs. 7: 0,010; 5 vs. 8: 0,001
7. Wenn irgend möglich, meide ich es, mich in die Nähe meiner Arbeitsstelle zu begeben.	1,20 (0,57)	1,26 (0,65)	1,49 (0,97)	1,22 (0,43)	1,88 (1,27)	1,32 (0,82)	1,43 (0,87)	1,32 (0,60)	1,19 (0,55)	ANOVA: 0,000 1 vs. 3: 0,026; 1 vs. 5: 0,000; 1 vs. 6: 0,031; 2 vs. 5: 0,000; 3 vs. 5: 0,015; 4 vs. 5: 0,011; 5 vs. 6, 8,9: 0,000; 5 vs. 7: 0,003
8. Ich musste mich ein oder mehrere Male krankschreiben lassen, weil ich die Probleme an meinem Arbeitsplatz nicht länger hätte ertragen können.	1,25 (0,70)	1,28 (0,68)	1,53 (1,08)	1,17 (0,39)	2,12 (1,46)	1,34 (0,86)	1,58 (1,14)	1,36 (0,84)	1,17 (0,60)	ANOVA: 0,000 1 vs. 5: 0,000; 2 vs. 5: 0,000; 3 vs. 5: 0,000; 4 vs. 5: 0,000; 5 vs. 6,8,9: 0,000; 5 vs. 7: 0,001; 7 vs. 9: 0,031;
9. Auf dem Weg hin zu meiner Arbeitsstelle würde ich am liebsten umdrehen.	1,25 (0,67)	1,30 (0,69)	1,62 (1,04)	1,11 (0,32)	2,05 (1,39)	1,29 (0,77)	1,55 (1,05)	1,52 (1,00)	1,28 (0,64)	ANOVA: 0,000 1 vs. 5: 0,000; 1 vs. 3: 0,002; 2 vs. 5: 0,000; 3 vs. 5: 0,008; 3 vs. 6: 0,021; 4 vs. 5: 0,000; 5 vs. 6,9: 0,000; 5 vs. 7: 0,002; 5 vs. 8: 0,005
10. Nach der Arbeit beeile ich mich mehr als andere, bloß schnell von allem dort wegzukommen.	1,36 (0,80)	1,36 (0,75)	1,71 (1,02)	1,17 (0,38)	2,2 (1,44)	1,38 (0,85)	1,68 (1,21)	1,66 (1,06)	1,41 (0,79)	ANOVA: 0,00 1 vs. 3: 0,023; 1 vs. 5: 0,000; 2 vs. 5: 000; 3 vs. 5: 0,008; 4 vs. 5: 0,000; 5 vs. 6,9: 0,000; 4 vs. 7: 0,006; 5 vs. 8: 0,017
11. Während ich arbeite, bin ich ständig auf der Hut, was als nächstes passieren könnte.	1,38 (0,79)	1,42 (0,79)	1,64 (0,98)	1,17 (0,38)	2,17 (1,33)	1,41 (0,86)	1,86 (1,29)	1,52 (0,93)	1,37 (0,81)	ANOVA: 0,000 1 vs. 5: 0,000; 1 vs. 7: 0,001; 2 vs. 5: 0,000; 2 vs. 7: 0,011; 3 vs. 5: 0,003; 4 vs. 5: 0,000; 5 vs. 6,9: 0,000; 5 vs. 8:0,001; 6 vs. 7: 0,004; 7 vs. 9: 0,008
12. Ich erlebe starke Befindlichkeitsstörungen oder Unbehagen, wenn ich an meinem Arbeitsplatz bin.	1,25 (0,64)	1,26 (0,62)	1,55(1,00)	1,17 (0,38)	2,13 (1,38)	1,31 (0,75)	1,57 (1,07)	1,39 (0,75)	1,22 (0,63)	ANOVA: 0,00 1 vs. 3: 0,033; 1 vs. 5: 0,000; 1 vs. 7: 0,043; 2 vs. 5: 0,000; 3 vs. 5: 0,000; 4 vs. 5: 0,000; 5 vs. 6,7,8,9: 0,000;
13. Ich erlebe starke Befindlichkeitsstörungen oder Unbehagen, wenn ich an meinen Arbeitsplatz denke.	1,26 (0,67)	1,30 (0,67)	1,54 (0,94)	1,23 (0,56)	2,11 (1,31)	1,38 (0,85)	1,53 (1,04)	1,49 (0,88)	1,23 (0,63)	ANOVA: 0,000 1 vs. 5: 0,000; 2 vs. 5: 0,000; 3 vs. 5: 0,000; 4 vs. 5: 0,001; 5 vs. 6,7,8,9: 0,000;

Tab. 5.7 Arbeitsangst in der Allgemeinbevölkerung. Berufstypen im Vergleich.

Berufstypen	1 Noch nie berufstätig gewesen	2 Selbstständig	3 Freie Berufe	4 Angestellte	5 Beamte	6 Arbeiter	7 Facharbeiter, Vorarbeiter, Polier, Handwerksgeselle	8 Selbstständige Landwirte	Sig. der Gruppenunterschiede: ANOVA Overall Gruppenunterschiede und paarweise Vergleiche mit Post-Hoc-Tests
Arbeitsplatzphobie-Skala									
	n = 64	*n* = 137	*n* = 24	*n* = 1496	*n* = 94	*n* = 261	*n* = 290	*n* = 8	*p (Sig. 0,05)*
Gesamtscore (Mittelwert)	1,33 (0,80)	1,24 (0,56)	1,31 (0,62)	1,37 (0,64)	1,34 (0,74)	1,50 (0,79)	1,37 (0,78)	1,29 (0,75)	ANOVA: 0,025 2 vs. 6: 0,005
1. Wenn ich an meinen Arbeitsplatz denke, merke ich, wie sich alles in mir anspannt	1,47 (0,99)	1,39 (0,71)	1,29 (0,69)	1,61 (0,98)	1,46 (0,90)	1,8 (1,14)	1,54 (0,97)	1,38 (0,74)	ANOVA: 0,001 2 vs. 6: 0,002
2. Bei der Vorstellung, an diesem Arbeitsplatz einen kompletten Arbeitstag durchstehen zu müssen, bekomme ich Panikgefühle.	1,36 (0,86)	1,25 (0,65)	1,29 (0,55)	1,36 (0,77)	1,3 (0,84)	1,55 (1,00)	1,34 (0,85)	1,38 (1,06)	ANOVA: 0,015 2 vs. 6: 0,012 4 vs. 6: 0,016
3. In bestimmten Situationen am Arbeitsplatz befürchte ich, ich könnte körperliche Symptome bekommen, wie. z. B. Erröten, Zittern, Schwitzen, Herzrasen. .	1,42 (0,96)	1,23 (0,62)	1,42 (0,93)	1,41 (0,82)	1,35 (0,81)	1,49 (0,91)	1,35 (0,85)	1,38 (0,74)	ANOVA: 0,208
4. Lieber laufe ich einen Umweg, als dass ich die Straße entlanggehe, in der sich meine Arbeitsstelle befindet.	1,22 (0,74)	1,18 (0,59)	1,21 (0,51)	1,24 (0,66)	1,23 (0,84)	1,36 (0,82)	1,31 (0,83)	1,26 (0,70)	ANOVA: 0,166 Keine signifikanten Post-hoc-Tests
5. Im Allgemeinen habe ich vor Arbeitstagen einen deutlich schlechteren Schlaf als vor Nicht-Arbeitstagen.	1,42 (0,90)	1,34 (0,75)	1,46 (0,83)	1,46 (0,89)	1,51 (1,05)	1,54 (0,93)	1,44 (0,94)	1,25 (0,71)	ANOVA: 0,618
6. Es kostet mich Überwindung, öffentliche Orte (z. B. örtlicher Supermarkt) aufzusuchen, an denen ich Arbeitskollegen oder Vorgesetzte treffen könnte.	1,25 (0,76)	1,2 (0,57)	1,21 (0,51)	1,26 (0,67)	1,31 (0,94)	1,4 (0,85)	1,34 (0,86)	1,14 (0,38)	ANOVA. 0,078 Keine signifikanten Post-hoc-Tests

7. Wenn irgend möglich, meide ich es, mich in die Nähe meiner Arbeitsstelle zu begeben.	0,23 (0,75)	0,17 (0,55)	0,22 (0,60)	0,29 (0,71)	0,33 (0,91)	0,41 (0,83)	0,28 (0,79)	0,25 (0,71)	ANOVA: 0,125 Keine signifikanten Post-hoc-Tests
8. Ich musste mich ein oder mehrere Male krankschreiben lassen, weil ich die Probleme an meinem Arbeitsplatz nicht länger hätte ertragen können.	1,23 (0,81)	1,18 (0,61)	1,33 (0,76)	1,32 (0,81)	1,31 (0,90)	1,47 (0,97)	1,35 (0,91)	1,0 (0,00)	ANOVA: 0,058 2 vs. 6: 0,034
9. Auf dem Weg hin zu meiner Arbeitsstelle würde ich am liebsten umdrehen.	1,28 (0,84)	1,19 (0,61)	1,25 (0,74)	1,32 (0,77)	1,21 (0,75)	1,45 (0,92)	1,33 (0,84)	1,43 (1,13)	ANOVA: 0,068 2 vs. 6: 0,047
10. Nach der Arbeit beeile ich mich mehr als andere, bloß schnell von allem dort wegzukommen.	1,45 (0,92)	1,21 (0,67)	1,29 (0,86)	1,42 (0,85)	1,4 (0,98)	1,59 (1,05)	1,42 (0,92)	1,38 (1,06)	ANOVA: 0,016 2 vs. 6: 0,002
11. Während ich arbeite, bin ich ständig auf der Hut, was als nächstes passieren könnte.	1,44 (0,97)	1,33 (0,76)	1,42 (0,83)	1,46 (0,87)	1,44 (0,96)	1,56 (0,97)	1,42 (0,87)	1,25 (0,71)	ANOVA: 0,344
12. Ich erlebe starke Befindlichkeitsstörungen oder Unbehagen, wenn ich an meinem Arbeitsplatz bin.	1,28 (0,84)	1,18 (0,62)	1,21 (0,59)	1,32 (0,73)	1,32 (0,87)	1,47 (0,91)	1,34 (0,84)	1,43 (1,13)	ANOVA: 0,042 2 vs. 6: 0,014
13. Ich erlebe starke Befindlichkeitsstörungen oder Unbehagen, wenn ich an meinen Arbeitsplatz denke.	1,28 (0,86)	1,2 (0,65)	1,37 (0,65)	1,35 (0,77)	1,27 (0,84)	1,50 (0,95)	1,37 (0,86)	1,37 (1,06)	ANOVA: 0,058 2 vs 6: 0,035

Tab. 5.8 Arbeitsangst in der Allgemeinbevölkerung. Einkommensgruppen im Vergleich.

Eigenes Einkommen	1 Kein persönliches Einkommen	2 Bis unter 500	3 500 bis unter 1000	4 1000 bis unter 1500	5 1500 bis unter 3500	6 3500 und mehr	Sig. der Gruppenunterschiede: ANOVA Overall Gruppenunterschiede und paarweise Vergleiche mit Post-Hoc-Tests
Arbeitsplatzphobie-Skala							
	n = 61	*n* = 111	*n* = 422	*n* = 677	*n* = 1027	*n* = 75	*p (Sig. 0,05)*
Gesamtscore (Mittelwert)	1,42 (0,70)	1,68 (0,89)	1,49 (0,81)	1,37 (0,69)	1,31 (0,59)	1,13 (0,29)	ANOVA: 0,000 2 vs 4,5,6: 0,000 3 vs 5,6: 0,000
1. Wenn ich an meinen Arbeitsplatz denke, merke ich, wie sich alles in mir anspannt	1,52 (0,85)	2,07 (1,22)	1,73 (1,09)	1,57 (0,98)	1,53 (0,91)	1,23 (0,54)	ANOVA: 0,000 1 vs. 2: 0,006, 2 vs. 4,5,6: 0,000; 2 vs. 3: 0,014 3 vs. 5: 0,006; 3 vs. 6: 0,001
2. Bei der Vorstellung, an diesem Arbeitsplatz einen kompletten Arbeitstag durchstehen zu müssen, bekomme ich Panikgefühle.	1,49 (0,92)	1,67 (1,02)	1,53 (1,00)	1,36 (0,78)	1,29 (0,68)	1,09 (0,29)	ANOVA: 0,000 2 vs 5,6: 0,000; 2 vs 4: 0,0023 vs 5,6: 0,000; 3 vs 4: 0,006
3. In bestimmten Situationen am Arbeitsplatz befürchte ich, ich könnte körperliche Symptome bekommen, wie. z. B. Erröten, Zittern, Schwitzen, Herzrasen. .	1,57 (1,04)	1,66 (1,15)	1,48 (0,93)	1,4 (0,83)	1,34 (0,74)	1,24 (0,57)	ANOVA: 0,000 2 vs 4: 0,035; 2 vs 5: 0,002; 2 vs 6: 0,011 3 vs 5: 0,040
4. Lieber laufe ich einen Umweg, als dass ich die Straße entlanggehe, in der sich meine Arbeitsstelle befindet.	1,26 (0,71)	1,49 (0,89)	1,35 (0,77)	1,25 (0,72)	1,22 (0,65)	1,05 (0,23)	ANOVA: 0,000 2 vs. 4: 0,013; 2 vs. 5: 0,002; 2 vs. 6: 0,001 3 vs. 5: 0,022; 3 vs. 6: 0,013
5. Im Allgemeinen habe ich vor Arbeitstagen einen deutlich schlechteren Schlaf als vor Nicht-Arbeitstagen.	1,59 (1,02)	1,74 (1,12)	1,58 (1,03)	1,46 (0,90)	1,39 (0,82)	1,32 (0,72)	ANOVA: 0,000 2 vs 4: 0,044; 2 vs 5: 0,002; 2 vs 6: 0,032 3 vs 5: 0,006

6. Es kostet mich Überwindung, öffentliche Orte (z. B. örtlicher Supermarkt) aufzusuchen, an denen ich Arbeitskollegen oder Vorgesetzte treffen könnte.	0,26 (0,68)	0,51 (1,02)	0,36 (0,80)	0,28 (0,71)	0,23 (0,66)	0,09 (0,34)	ANOVA: 0,000 2 vs 5,6: 0,002; 2 vs 4: 0,029 3 vs 5: 0,026; 3 vs 6: 0,042
7. Wenn irgend möglich, meide ich es, mich in die Nähe meiner Arbeitsstelle zu begeben.	1,26 (0,66)	1,56 (0,95)	1,39 (0,85)	1,29 (0,74)	1,24 (0,65)	1,05 (0,28)	ANOVA: 0,000 2 vs 4: 0,003; 2 vs 5,6: 0,000 3 vs 5: 0,004; 3 vs 6: 0,003
8. Ich musste mich ein oder mehrere Male krankschreiben lassen, weil ich die Probleme an meinem Arbeitsplatz nicht länger hätte ertragen können.	1,34 (0,87)	1,69 (1,16)	1,44 (0,96)	1,33 (0,84)	1,27 (0,74)	1,04 (0,20)	ANOVA: 0,000 2 vs 4,5,6: 0,000 3 vs 5: 0,010; 3 vs 6: 0,002
9. Auf dem Weg hin zu meiner Arbeitsstelle würde ich am liebsten umdrehen.	1,38 (0,73)	1,61 (1,07)	1,46 (0,95)	1,31 (0,77)	1,26 (0,70)	1,07 (0,25)	ANOVA: 0,000 2 vs 4: 0,003; 2 vs 5,6: 0,000 3 vs 5: 0,000; 3 vs 6: 0,001
10. Nach der Arbeit beeile ich mich mehr als andere, bloß schnell von allem dort wegzukommen.	1,61 (1,04)	1,75 (1,20)	1,51 (0,98)	1,44 (0,89)	1,35 (0,82)	1,12 (0,37)	ANOVA: 0,000 1 vs. 6: 0,020 2 vs. 4: 0,012; 2 vs. 5,6: 0,000 3 vs. 5: 0,019; 3 vs. 6: 0,037
11. Während ich arbeite, bin ich ständig auf der Hut, was als nächstes passieren könnte.	1,54 (0,92)	1,74 (1,01)	1,57 (1,04)	1,47 (0,87)	1,38 (0,81)	1,16 (0,52)	ANOVA: 0,000 2 vs. 4: 0,035; 2 vs. 5: 0,001; 2 vs. 6: 0,000 3 vs. 5: 0,002; 3 vs. 6: 0,003
12. Ich erlebe starke Befindlichkeitsstörungen oder Unbehagen, wenn ich an meinem Arbeitsplatz bin.	1,34 (0,73)	1,63 (1,01)	1,44 (0,91)	1,33 (0,80)	1,26 (0,65)	1,11 (0,45)	ANOVA. 0,000 2 vs 4: 0,002; 2 vs 5,6: 0,000 3 vs 5: 0,001; 3 vs 6: 0,008
13. Ich erlebe starke Befindlichkeitsstörungen oder Unbehagen, wenn ich an meinen Arbeitsplatz denke.	1,31 (0,70)	1,67 (1,06)	1,48 (0,93)	1,35 (0,83)	1,28 (0,69)	1,17 (0,55)	ANOVA: 0,000 2 vs. 4: 0,002; 2 vs. 5: 0,000; 2 vs. 6: 0,001 3 vs. 5: 0,000; 3 vs. 6: 0,028

Tab. 5.9 Arbeitsangst in der Allgemeinbevölkerung. Ost und Westdeutschland im Vergleich

Arbeitsplatzphobie-Skala	Westdeutschland	Ostdeutschland	T-Test
	$n = 1983$	$n = 506$	p
Gesamtscore (Mittelwert)	1,37 (0,66)	1,36 (0,72)	0,697
1. Wenn ich an meinen Arbeitsplatz denke, merke ich, wie sich alles in mir anspannt	1,59 (0,97)	1,59 (0,99)	0,988
2. Bei der Vorstellung, an diesem Arbeitsplatz einen kompletten Arbeitstag durchstehen zu müssen, bekomme ich Panikgefühle.	1,37 (0,79)	1,36 (0,83)	0,719
3. In bestimmten Situationen am Arbeitsplatz befürchte ich, ich könnte körperliche Symptome bekommen, wie. z.B. Erröten, Zittern, Schwitzen, Herzrasen. .	1,41 (0,83)	1,33 (0,82)	0,041
4. Lieber laufe ich einen Umweg, als dass ich die Straße entlanggehe, in der sich meine Arbeitsstelle befindet.	1,25 (0,69)	1,25 (0,73)	0,832
5. Im Allgemeinen habe ich vor Arbeitstagen einen deutlich schlechteren Schlaf als vor Nicht-Arbeitstagen.	1,46 (0,88)	1,52 (1,04)	0,169
6. Es kostet mich Überwindung, öffentliche Orte (z. B. örtlicher Supermarkt) aufzusuchen, an denen ich Arbeitskollegen oder Vorgesetzte treffen könnte.	1,27 (0,70)	1,27 (0,77)	0,879
7. Wenn irgend möglich, meide ich es, mich in die Nähe meiner Arbeitsstelle zu begeben.	1,29 (0,72)	1,25 (0,75)	0,190
8. Ich musste mich ein oder mehrere Male krankschreiben lassen, weil ich die Probleme an meinem Arbeitsplatz nicht länger hätte ertragen können.	1,34 (0,83)	1,27 (0,79)	0,081
9. Auf dem Weg hin zu meiner Arbeitsstelle würde ich am liebsten umdrehen.	1,33 (0,79)	1,27 (0,76)	0,089
10. Nach der Arbeit beeile ich mich mehr als andere, bloß schnell von allem dort wegzukommen.	1,43 (0,88)	1,4 (0,93)	0,590
11. Während ich arbeite, bin ich ständig auf der Hut, was als nächstes passieren könnte.	1,43 (0,84)	1,52 (0,98)	0,056
12. Ich erlebe starke Befindlichkeitsstörungen oder Unbehagen, wenn ich an meinem Arbeitsplatz bin.	1,33 (0,75)	1,27 (0,78)	0,152
13. Ich erlebe starke Befindlichkeitsstörungen oder Unbehagen, wenn ich an meinen Arbeitsplatz denke.	1,34 (0,76)	1,39 (0,91)	0,217

Diese Befunde zeigen, dass Arbeitsangst mit konkreten aktuellen arbeitsrelevanten Merkmalen (Erwerbsstatus, Einkommen, Arbeitsunfähigkeit) in Zusammenhang steht und nicht mit allgemeinen soziodemografischen Merkmalen wie Geschlecht oder Alter. Es ist neben bisherigen, überwiegend klinischen Untersuchungen (Muschalla & Linden, 2009, 2013) ein weiterer Beleg für die Validität des Konzepts der Arbeitsängste als eines spezifischen stimulusbezogenen (arbeitsbezogenen) Phänomens, welches – etwas anders als psychische Beschwerdelagen im Allgemeinen – eher unabhängig von Personenmerkmalen vorkommt.

Tab. 5.10 Arbeitsangst und Zusammenhänge mit Soziodemografie und Arbeitsunfähigkeitsdauer

	Alter	Geschlecht	Haushaltsgröße	Kinder (15–17)	Kinder (unter 15)	Häufigkeit der Arbeitslosigkeit	Arbeitsunfähigkeitsdauer
Arbeitsplatzphobie-Gesamtscore	0,000	0,022	0,012	–0,001	0,010	0,125**	0,270**

** Die Korrelation ist auf dem Niveau von 0,01 (2-seitig) signifikant

*Die Korrelation ist auf dem Niveau von 0,05 (2-seitig) signifikant

Tab. 5.11 Merkmale der repräsentativen Stichprobe aus der Allgemeinbevölkerung

Soziodemografische Merkmale	Männlich n (%) 1181 (46,7 %)	Weiblich n (%) 1350 (53,3 %)	Gesamt N (%) 2531 (100 %)
Altersgruppen			
Bis 20 Jahre	77 (6,5 %)	85 (6,3 %)	162 (6,4 %)
21–30	174 (14,7 %)	164 (12,1 %)	338 (13,4 %)
31–40	193 (16,3 %)	204 (15,1 %)	397 (15,7 %)
41–50	179 (15,2 %)	224 (18,1 %)	423 (16,7 %)
51–60	242 (20,5 %)	263 (19,5 %)	505 (20,0 %)
61–70	197 (16,7 %)	226 (16,7 %)	423 (16,7 %)
71–80	92 (7,8 %)	126 (9,3 %)	218 (8,6 %)
81–100	27 (2,3 %)	38 (2,8 %)	65 (2,6 %)
Welchen Familienstand haben Sie?			
Keine Angabe	6 (0,5 %)	5 (0,4 %)	12 (0,5 %)
Verheiratet und mit EhepartnerIn zusammenlebend	548 (46,4 %)	553 (41,0 %)	1101 (43,5 %)
Verheiratet und vom EhepartnerIn getrennt lebend	27 (2,3 %)	43 (3,2 %)	70 (2,8 %)
Ledig	405 (34,3 %)	355 (26,3 %)	760 (30,0 %)
Geschieden	142 (12,0 %)	226 (16,7 %)	368 (14,5 %)
Verwitwet	53 (4,5 %)	167 (12,4 %)	220 (8,7 %)
Staatsangehörigkeit Deutsch	1132 (95,9 %)	1293 (95,8 %)	2425 (95,8 %)
Welcher Religion gehören Sie an?			
Keine Angabe Evangelisch	34 (2,9 %) 406 (34,4 %)	49 (3,6 %) 513 (38,0 %)	83 (3,3 %) 919 (36,3 %)
Katholisch	308 (26,1 %)	432 (32,0 %)	740 (49,2 %)
Muslimisch	40 (3,4 %)	17 (1,3 %)	57 (2,3 %)
Andere	360 (30,5 %)	291 (21,6 %)	651 (25,7 %)
Konfessionslos	360 (30,5 %)	291 (21,6 %)	651 (25,7 %)
Schulabschluss			
Keine Angabe	2 (0,2 %)	3 (0,2 %)	5 (0,2 %)
Von der Schule abgegangen ohne Hauptschulabschluss	23 (1,9 %)	39 (2,9 %)	62 (2,4 %)
Haupt/Volksschulabschluss (8. Klasse)	329 (27,9 %)	360 (26,7 %)	689 (27,2 %)
Mittlere Reife (10. Klasse)			
Abschluss der POS	331 (28,0 %)	459 (34,0 %)	790 (31,2 %)
Fachschulabschluss (ohne Anerkennung)	100 (8,5 %)	117 (8,7 %)	217 (8,6 %)
Abitur oder Fachgebundene	59 (5,0 %)	57 (4,2 %)	116 (4,6 %)
Hochschulreife	159 (13,5 %)	164 (12,1 %)	323 (12,8 %)
Abgeschlossenes Studium			
Anderer Schulabschluss	134 (11,3 %)	117 (8,7 %)	251 (9,9 %)
Aktuell SchülerIn an	4 (0,3 %)	1 (0,1 %)	5 (0,2 %)
allgemeinbildender Schule	40 (3,4 %)	33 (2,4 %)	73 (2,9 %)

(Fortsetzung)

Tab. 5.11 (Fortsetzung)

Soziodemografische Merkmale	Männlich n (%) 1181 (46,7 %)	Weiblich n (%) 1350 (53,3 %)	Gesamt N (%) 2531 (100 %)
Berufskreis (aktuelle bzw. letzte berufliche Tätigkeit)			
Keine Angabe	80 (6,8 %)	80 (4,4 %)	140 (5,5 %)
Noch nie berufstätig gewesen	29 (2,5 %)	52 (3,9 %)	81 (3,2 %)
Selbstständig ohne Beschäftigte	37 (3,1 %)	39 (2,9 %)	76 (3,0 %)
Selbstständig mit bis zu 5 Beschäftigten	32 (2,7 %)	15 (1,5 %)	47 (1,9 %)
Selbstständig mit 6–9 Beschäftigten	11 (0,9 %)	0 (0,0 %)	11 (0,4 %)
Selbstständig mit 10–69 Beschäftigten	3 (0,3 %)	0 (0,0 %)	3 (0,1 %)
Freie Berufe	14 (1,2 %)	10 (0,7 %)	24 (0,9 %)
Einfacher Angestellter ohne	98 (8,3 %)	387 (28,7 %)	485 (19,2 %)
Weisungsbefugnis			
Mittlere Angestellte	118 (10,0 %)	286 (21,2 %)	404 (16,0 %)
Qualifizierte Angestellte	230 (19,5 %)	269 (19,9 %)	499 (19,7 %)
Leitende Angestellte mit	64 (5,4 %)	44 (3,3 %)	108 (4,3 %)
Zeichnungsberechtigung			
Beamte einfacher Dienst	7 (0,6 %)	6 (0,3 %)	11 (0,4 %)
Beamte mittlerer Dienst	25 (2,1 %)	16 (1,2 %)	41 (1,6 %)
Beamte gehobener Dienst	18 (1,5 %)	12 (0,9 %)	30 (1,2 %)
Beamte höherer Dienst	7 (0,6 %)	5 (0,4)	12 (0,5 %)
Arbeiter: Arbeiten Körperkraft	69 (5,8 %)	89 (6,6 %)	158 (6,2 %)
Arbeiter Geschicklichkeitsarbeiten	70 (5,9 %)	33 (2,4 %)	103 (4,1 %)
Facharbeiter, Vorarbeiter, Polier, Handwerksgeselle	264 (22,4 %)	26 (1,9 %)	290 (11,5 %)
Selbstständige Landwirte	5 (0,4 %)	3 (0,2 %)	8 (0,3 %)
Wohnregion			
Westdeutschland	908 (76,9 %)	1110 (82,2 %)	2018 (79,7 %)
Ostdeutschland	273 (23,1 %)	240 (17,8 %)	513 (20,3 %)
Wohnortsgröße			
Unter 2000 Einwohner	85 (7,2 %)	90 (6,7 %)	175 (6,9 %)
2000 bis unter 5000 Einwohner	114 (9,7 %)	154 (11,4 %)	268 (10,6 %)
5000 bis 20000 Einwohner	259 (21,9 %)	276 (20,4 %)	535 (21,1 %)
20.000 bis unter 50.000 Einwohner	201 (17,0 %)	234 (17,3 %)	435 (17,2 %)
50.000 bis unter 100.000 Einwohner	101 (8,6 %)	115 (8,5 %)	216 (8,5 %)
100.000 bis 500.000 Einwohner	188 (15,9 %)	245 (18,1 %)	433 (17,1 %)
500.000 und mehr Einwohner	233 (19,7 %)	236 (17,5 %)	469 (18,5 %)
In den letzten 12 Monaten arbeitsunfähig gewesen (bezogen auf 2128 Erwerbsaltrige bis 67 Jahren, m:1008, w:1120)	38,8 %	39,0 %	38,9 %
Falls arbeitsunfähig gewesen, wie viele Wochen insgesamt?	3,25 (5,3)	3,13 (4,5)	3,19 (4,9)
Arbeitsangst (nur bezogen auf 2128 Erwerbsaltrige bis 67 Jahren, m:1008, w:1120) (Arbeitsplatzphobie-Skala Mittelwert, Skala 0–4)	0,36 (0,67)	0,39 (0,7)	0,38 (0,7)

Literatur

Linden, M., Muschalla, B., Glatz, J., Herm, K., Kiwus, U., Markova, M., & Dirks, S. (2009). *Abschlussbericht zum Forschungsprojekt Arbeitsplatzbezogene Ängste und Arbeitsplatzphobie bei Patienten in der psychosomatischen und kardiologischen Rehabilitation*. Rehazentrum Seehof und Charité.

Muschalla, B., & Linden, M. (2009). Workplace Phobia – A first explorative study on its relation to established anxiety disorders, sick leave, and work-directed treatment. *Psychology, Health & Medicine, 14,* 591–605.

Muschalla, B., & Linden, M. (2013). *Arbeitsplatzbezogene Ängste und Arbeitsplatzphobie. Phänomenologie, Differentialdiagnostik, Therapie, Sozialmedizin*. Kohlhammer.

Muschalla, B., Heldmann, M., & Fay, D. (2013). The significance of job-anxiety in a working population. *Occupational Medicine, 63*(6), 415–421.

Muschalla, B., Grove, H., & Morawietz, J. (2020). *Fähigkeiten, Arbeitsängste und Verbitterungserleben in der Allgemeinbevölkerung. Eine Zusammenstellung von Repräsentativdaten. Abschlussbericht zum Forschungsprojekt im Bereich der Rehabilitation 0421/40-64-50-01*. Technische Universität Braunschweig, Psychotherapie und Diagnostik.

USUMA. (2019). *Interviewbogen der Repräsentativbefragung 28*. USUMA Markt- und Sozialforschung und Universität Leipzig.

Vignoli, M., Muschalla, B., & Mariani, M. G. (2017). Workplace phobic anxiety as a mental health phenomenon in the job demands-resources model. *BioMed Research International, 2017*, 3285092.

Einsatz und Durchführung

6

Zusammenfassung

Die Job-Angst-Skala und die Arbeitsplatzphobie-Skala können in der Forschung und Praxis, in klinischen und betrieblichen Settings, oder Menschen der Allgemeinbevölkerung im arbeitsfähigen Alter eingesetzt werden.

Die Job-Angst-Skala ist als Forschungsinstrument konzipiert worden und zielt auf eine Differenzierung unterschiedlicher psychopathologischer Qualitäten arbeitsbezogener Ängste ab. Sie erlaubt eine Differenzierung und Quantifizierung eines komplexen klinischen Phänomens, das im Setting von ambulanter Psychotherapie, betrieblichen Eingliederungsmanagement, der medizinischen Rehabilitation und arbeits- und sozialmedizinischen Beurteilungen zunehmend an Bedeutung gewinnt. Aus dem Zusammenspiel der mit der JAS erfassbaren emotionalen, kognitiven und verhaltensbezogenen Aspekte von arbeitsbezogenen Ängsten lassen sich Informationen ableiten für die Konzipierung arbeitsbezogener Beratungen, Fallmanagements oder Therapien, die eine Grundlage schaffen können zur Sicherung der beruflichen Teilhabe.

Die Arbeitsplatzphobie-Skala ist eine Kurzskala zur Erfassung des Ausmaßes arbeitsplatzphobischer Symptomatik, d. h. panikartige Angst beim Gedanken an den Arbeitsplatz und globales arbeitsplatzbezogenes Vermeidungsverhalten.

Beide Fragebögen können Probanden als „Fragebogen zu Arbeitsproblemen" in Paper-Pencil- oder in elektronischer Form vorgelegt werden. Durch den Titel und die Instruktion, die beide das Wort „Angst" explizit nicht enthalten, wird die Aufmerksamkeit des Probanden nicht auf ein abstraktes übergeordnetes Konstrukt Angst gelenkt (welches mit ggf. negativen Konnotationen assoziiert werden mag), sondern die Aufmerksamkeit bleibt bei den einzelnen verschiedenen Aspekten (vgl. Fragebogenformulare).

B. Muschalla, M. Linden, *JAS – Jobangst- und Arbeitsplatzphobie-Skala*, Manuale zu Testverfahren und Fragebögen, https://doi.org/10.1007/978-3-662-70652-7_6

In der Instruktion zum Ausfüllen des Fragebogens werden die Probanden jeweils gebeten, sich mit den Antworten auf ihren aktuellen Arbeitsplatz, oder – im Falle von Arbeitslosigkeit – auf ihren letzten oder einen ähnlichen Arbeitsplatz zu beziehen. Sollten sie in mehreren Arbeitsverhältnissen gleichzeitig stehen, so sollten sich die Antworten auf denjenigen Arbeitsplatz beziehen, der die meisten Einflüsse auf das Befinden und das Alltagsleben des Befragten hat. Die Formulierungen „Arbeitsängste" bzw. „Angst" wurden ausdrücklich nicht verwendet, sondern es wird allgemein von Problemen am Arbeitsplatz gesprochen.

Alle Items haben Antwortmöglichkeiten auf einer fünf-stufigen Likert-Skala (0 = „trifft gar nicht zu" bis 4 = „trifft voll zu"). Durch Mittelwertbildung der Itemwerte pro Subdimension, Hauptdimension oder über alle Items werden Subskalen- oder Gesamt-Score(s) errechnet. Die Job-Angst-Skala und die Arbeitsplatzphobie-Skala geben Auskunft über Quantität und damit den relativen Schweregrad der verschiedenen Dimensionen arbeitsbezogener Ängste.

Auswertung und Interpretation 7

Zusammenfassung

Für die Job-Angst-Skala und die Arbeitsplatzphobie-Skala können Gesamtmittelwerte berechnet werden über alle gerateten Items, oder über die Items der jeweiligen Subskalen. Höhere Werte signalisieren eine stärkere erlebte Arbeitsangst.

Der „Fragebogen zu Arbeitsproblemen" besteht jeweils aus zwei Teilen: Im ersten Teil werden nach einer kurzen einführenden Instruktion arbeitsbezogene allgemeine Angaben erfragt (3 Seiten), die bei der Auswertung und Interpretation der Skalenwerte hilfreich sein können. Dieser Teil kann auch weggelassen werden.

Die ***Job-Angst-Skala*** selbst besteht aus einer 70 Items, die jeweils auf einer Skala von 0 bis 4 vom Probanden geratet werden sollten, unter Bezugnahme auf die aktuelle oder letzte Arbeitssituation. Die ***Arbeitsplatzphobie-Skala*** enthält 13 Items, die der JAS entnommen sind und die Aspekte arbeitsbezogenes physiologisches Arousal (Panik) und Vermeidung abbilden. Es werden keine weiteren Hilfsmittel benötigt für die Bearbeitung wie auch die Auswertung des Fragebogens.

Die Auswertung ist unkompliziert: Es können verschiedene Skalenwerte berechnet werden durch Mittelwertbildung der Item-Scores bezüglich der Gesamtskala, der fünf Haupt-Dimensionen und der 14 Subskalen bei der JAS und der beiden Subskalen Panik und Vermeidung bei der Arbeitsplatzphobie-Skala. Je höher der Mittelwert einer Skala, umso schwerer das Ausmaß an Job-Angst-Erleben im jeweiligen Bereich. Es sind keine Items für die Auswertung umzupolen.

Eine Selbstbeurteilung mit der Job-Angst-Skala oder der Arbeitsplatzphobie-Skala kann bei klinischen Stichproben folgenden Zwecken dienen:

B. Muschalla, M. Linden, *JAS – Jobangst- und Arbeitsplatzphobie-Skala*, Manuale zu Testverfahren und Fragebögen, https://doi.org/10.1007/978-3-662-70652-7_7

a. einer Zustandsdiagnostik zu einem bestimmten Zeitpunkt (z. B. Ausmaß des arbeitsbezogenen Angsterlebens zu Beginn oder zum Ende einer Therapie)
b. im Rahmen von Wiederholungs-Beurteilungen zur Verlaufsbeurteilung und Prognoseabschätzung
c. als Ausgangspunkt für eine Therapiezielfindung und ggf. Zuweisung zu speziellen arbeitsbezogenen Therapieeinheiten (Screening-Instrument), im Sinne einer Ergänzung der klinischen Diagnostik und Exploration

Die Job-Angst-Skala und die Arbeitsplatzphobie-Skala sind – wie jedes Selbstrating-Instrument – *nicht geeignet* klinisch valide Diagnosen von Angsterkrankungen zu stellen.

Kolibri 360 GmbH
Ferdinand-Jühlke-Straße 7
99095 Erfurt, Deutschland
produktsicherheit@kolibri360.de